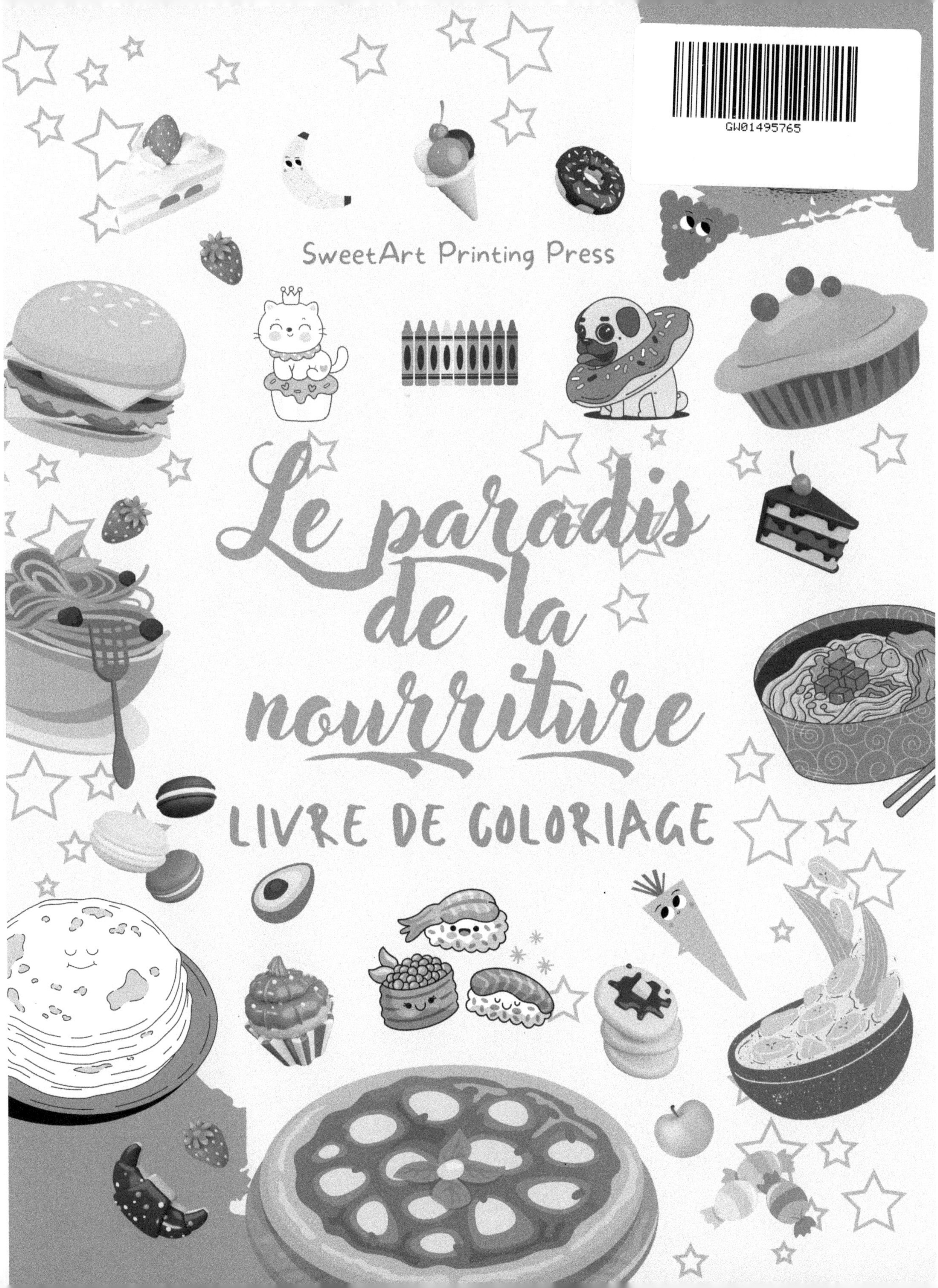
SweetArt Printing Press
Le paradis de la nourriture
LIVRE DE COLORIAGE

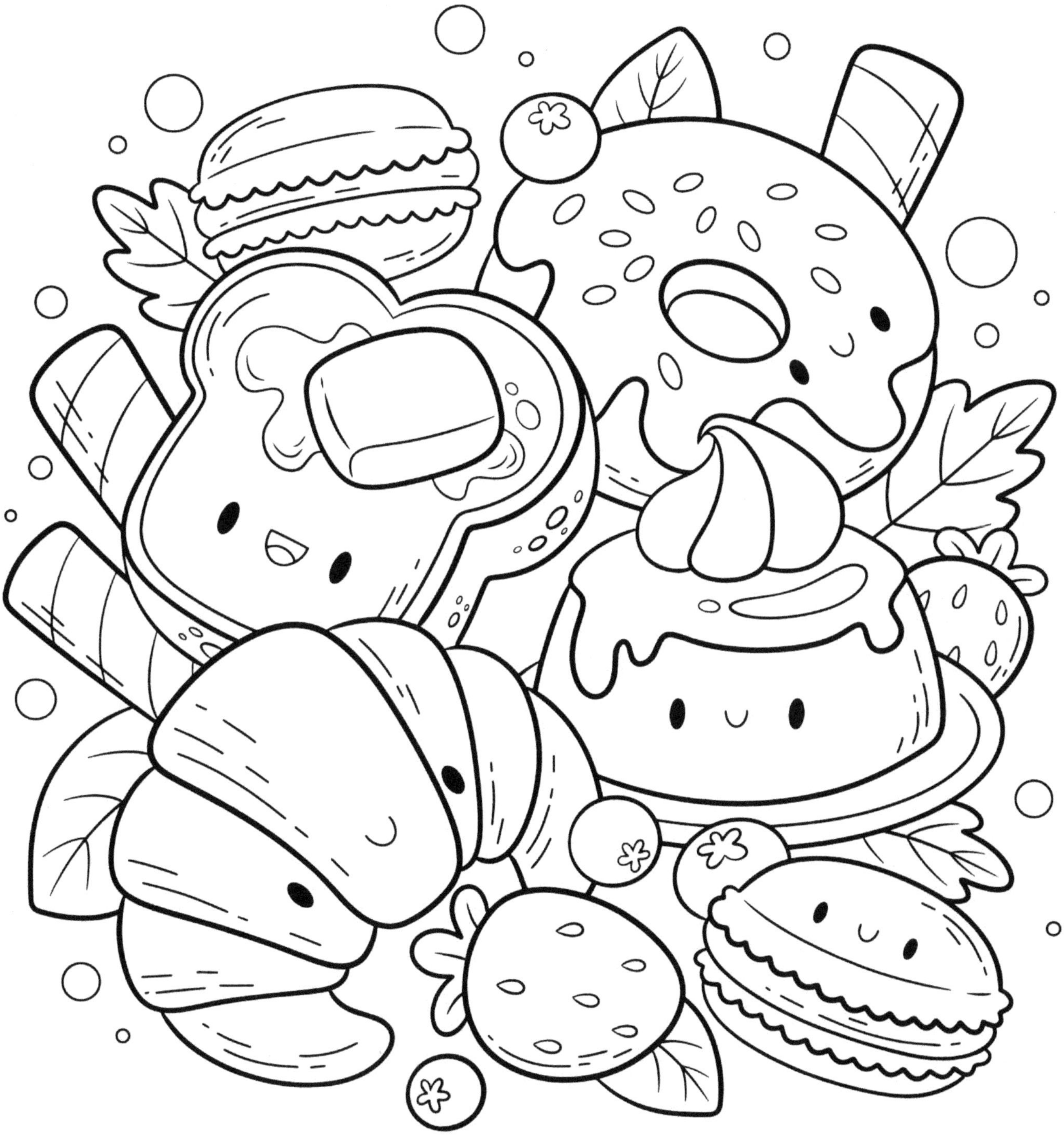

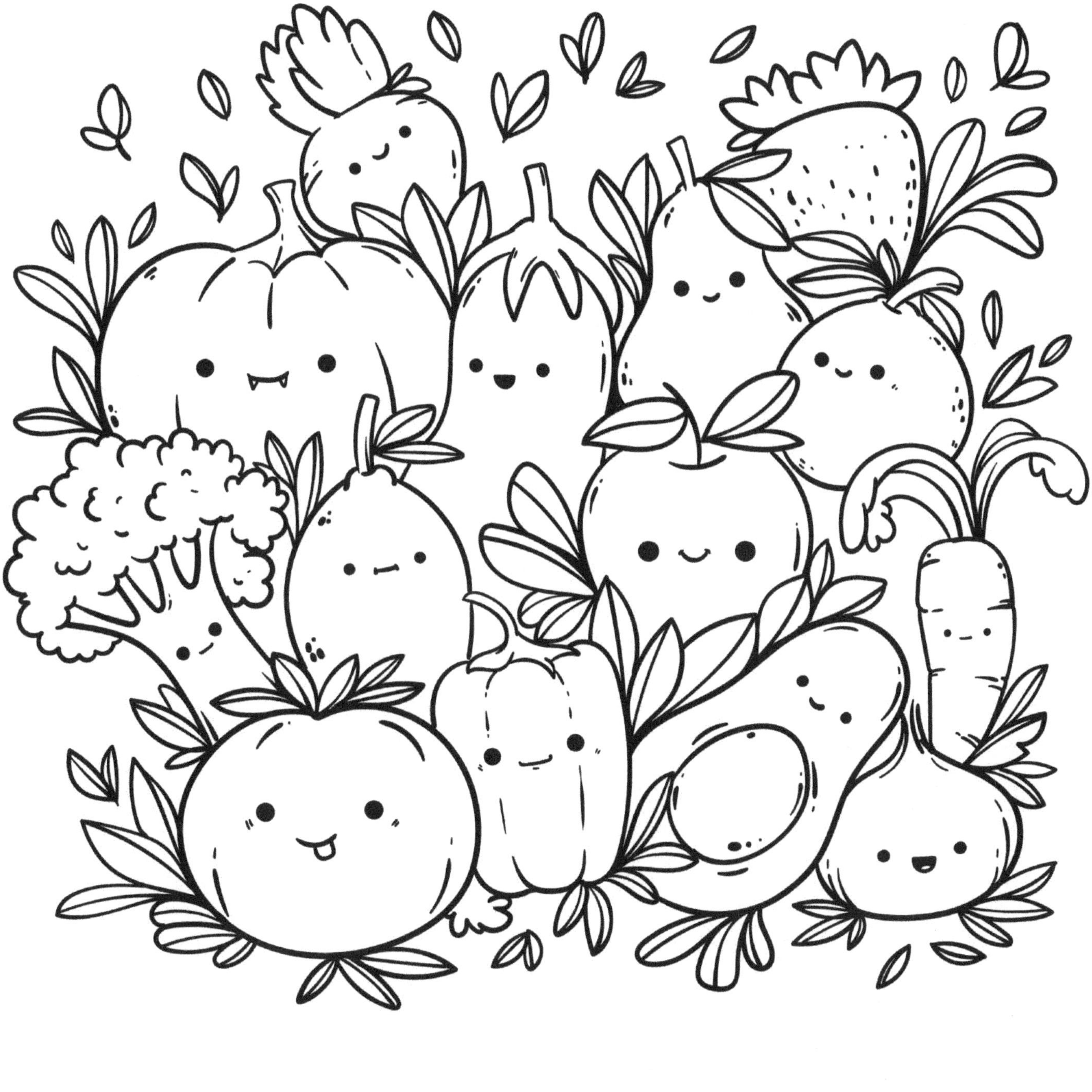

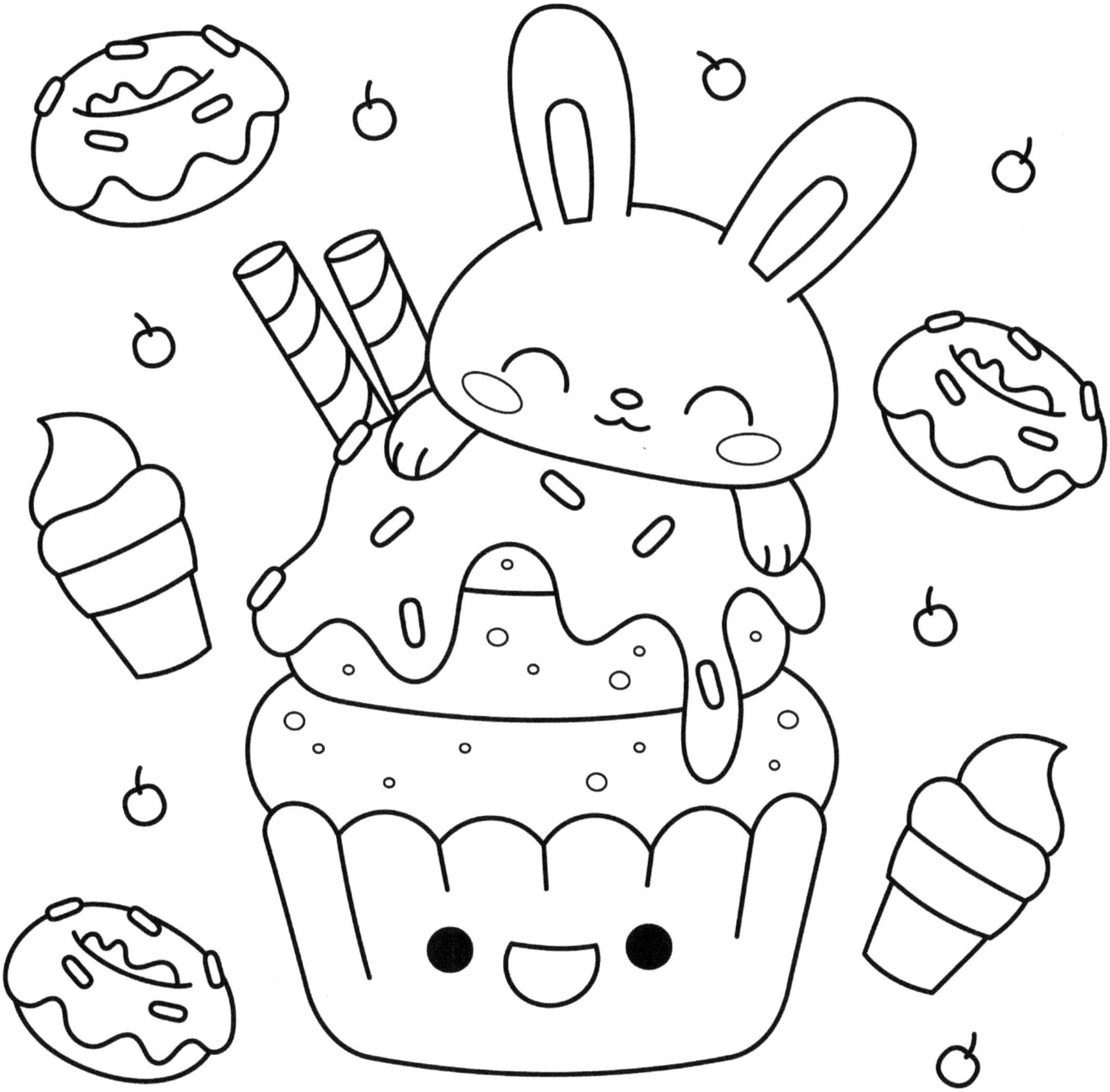

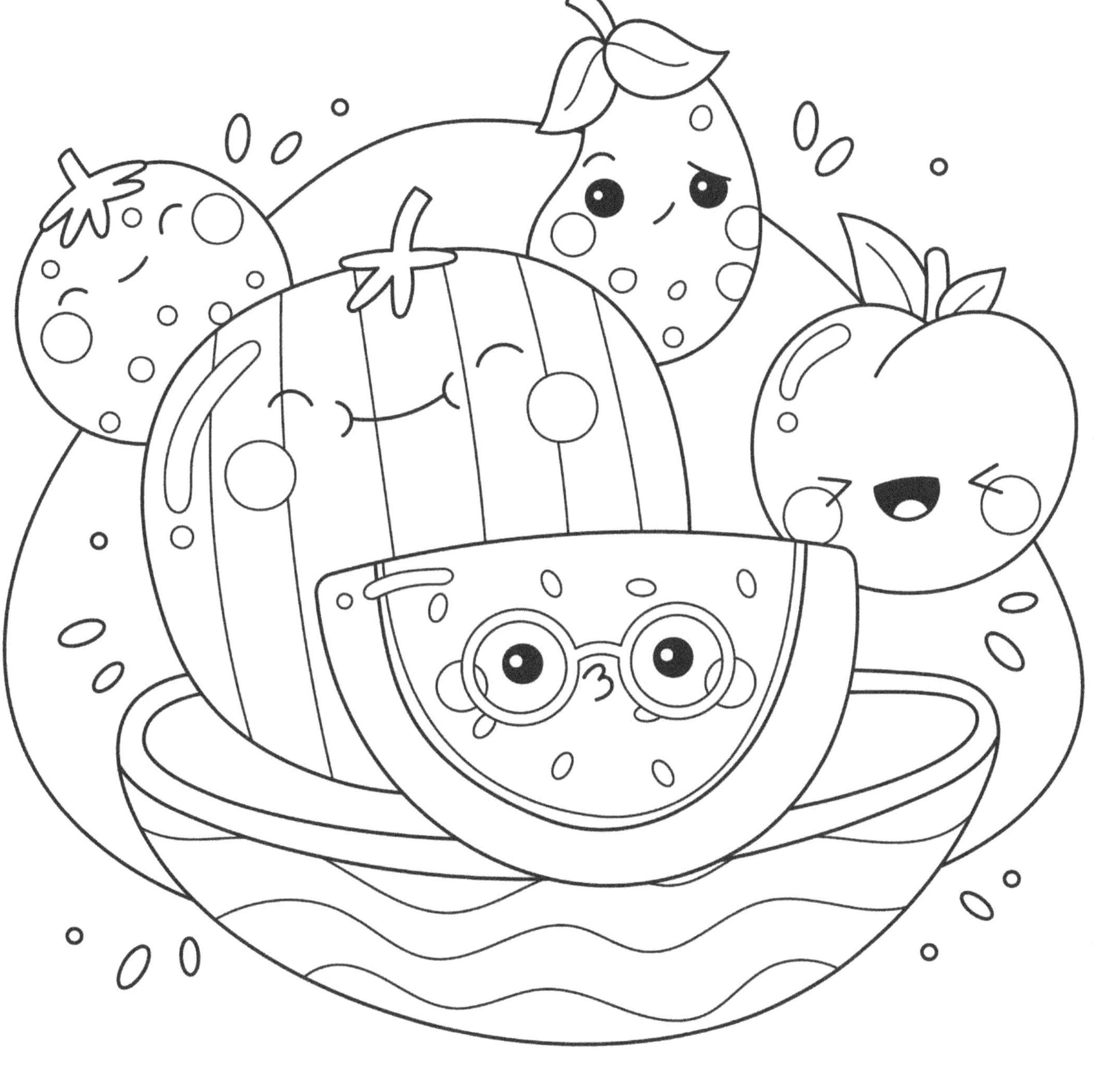

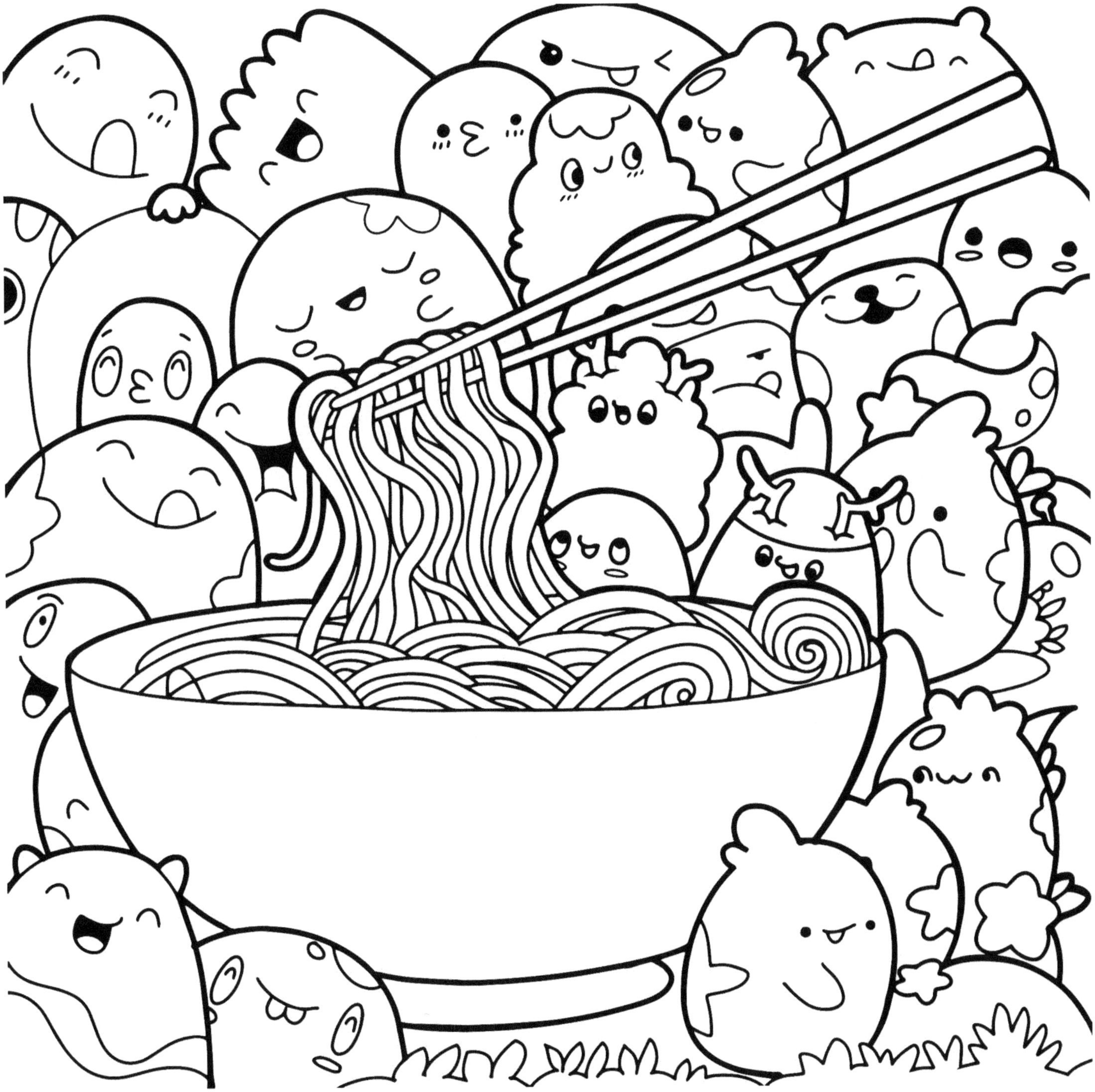

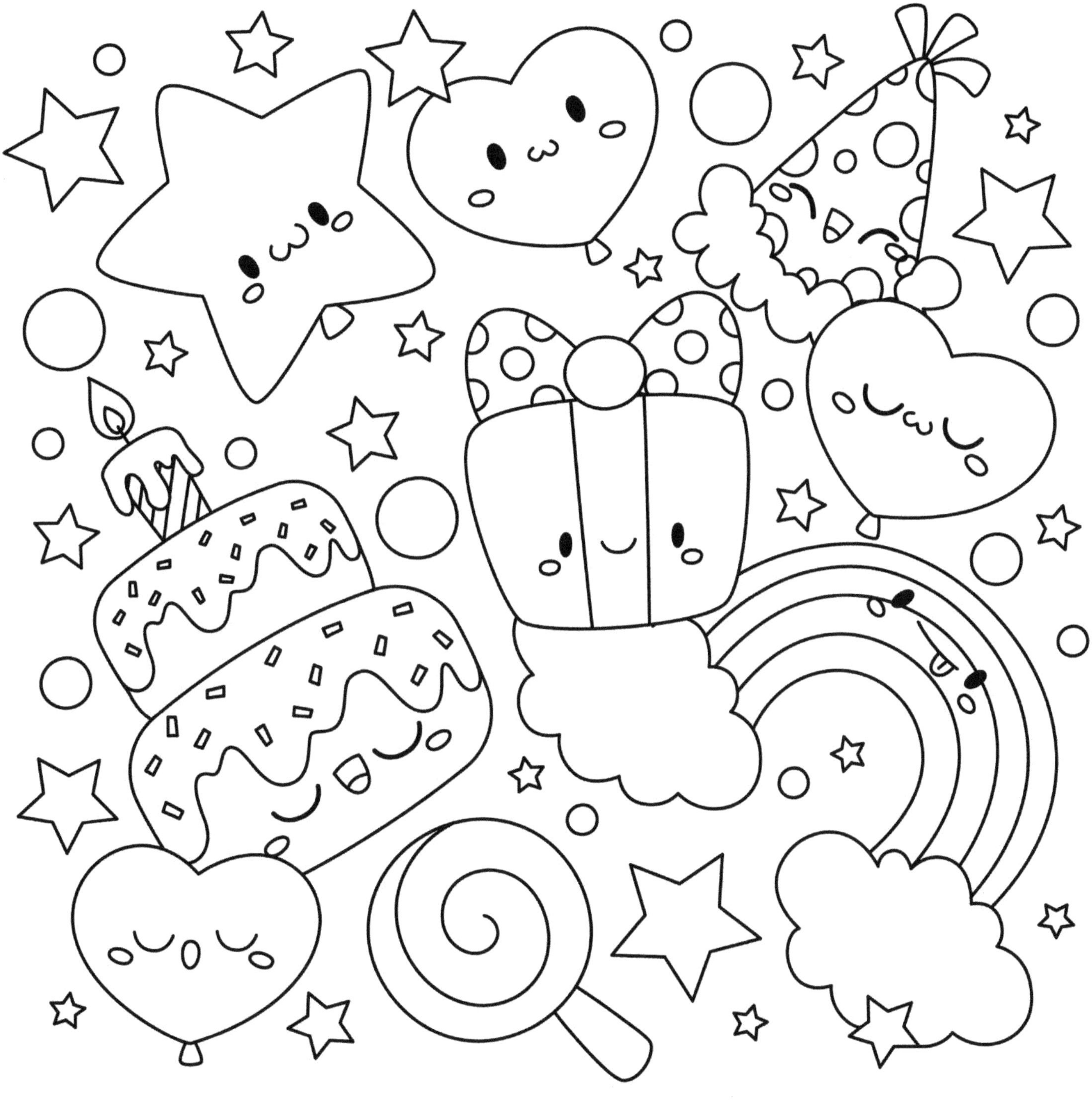

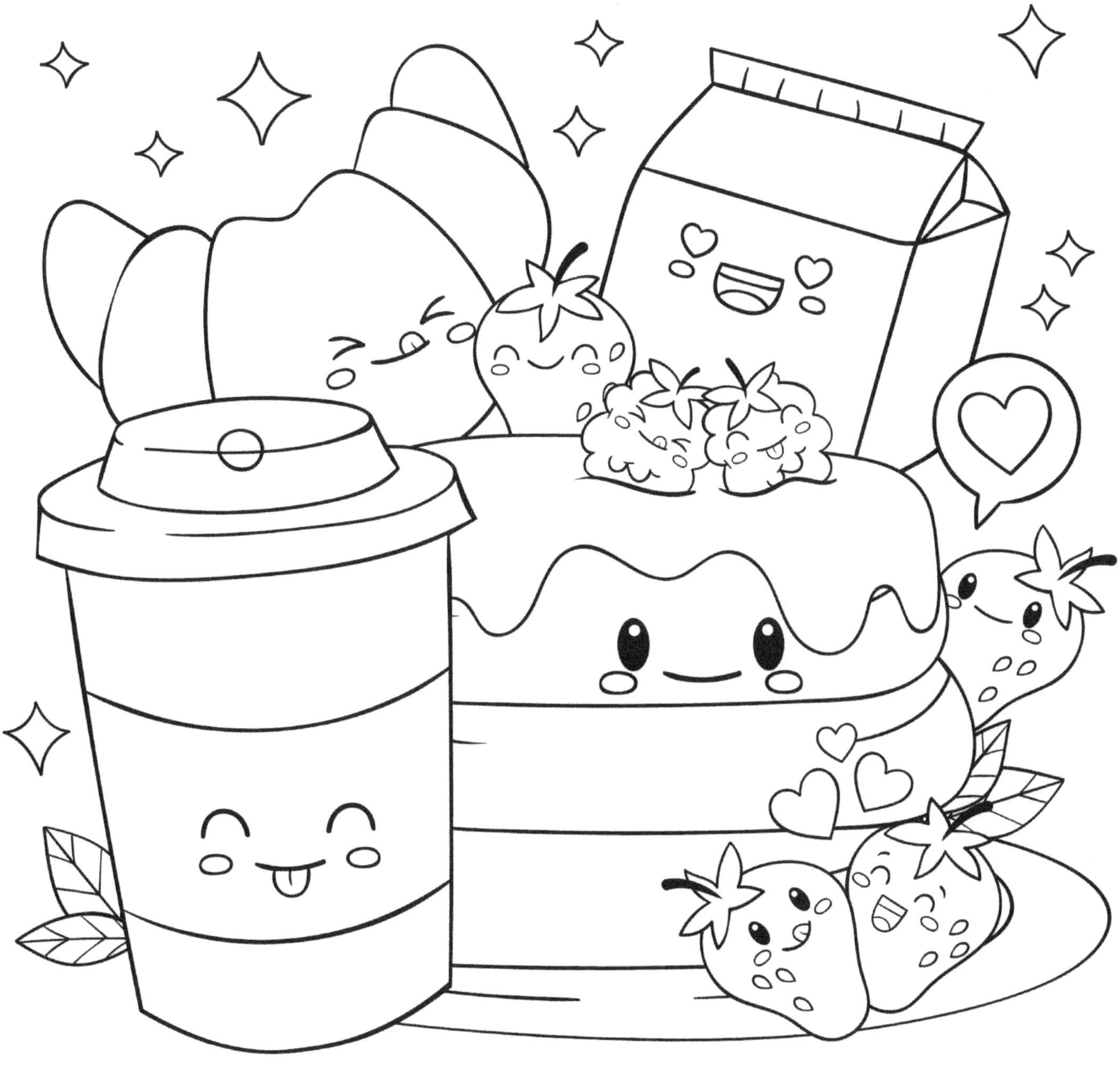

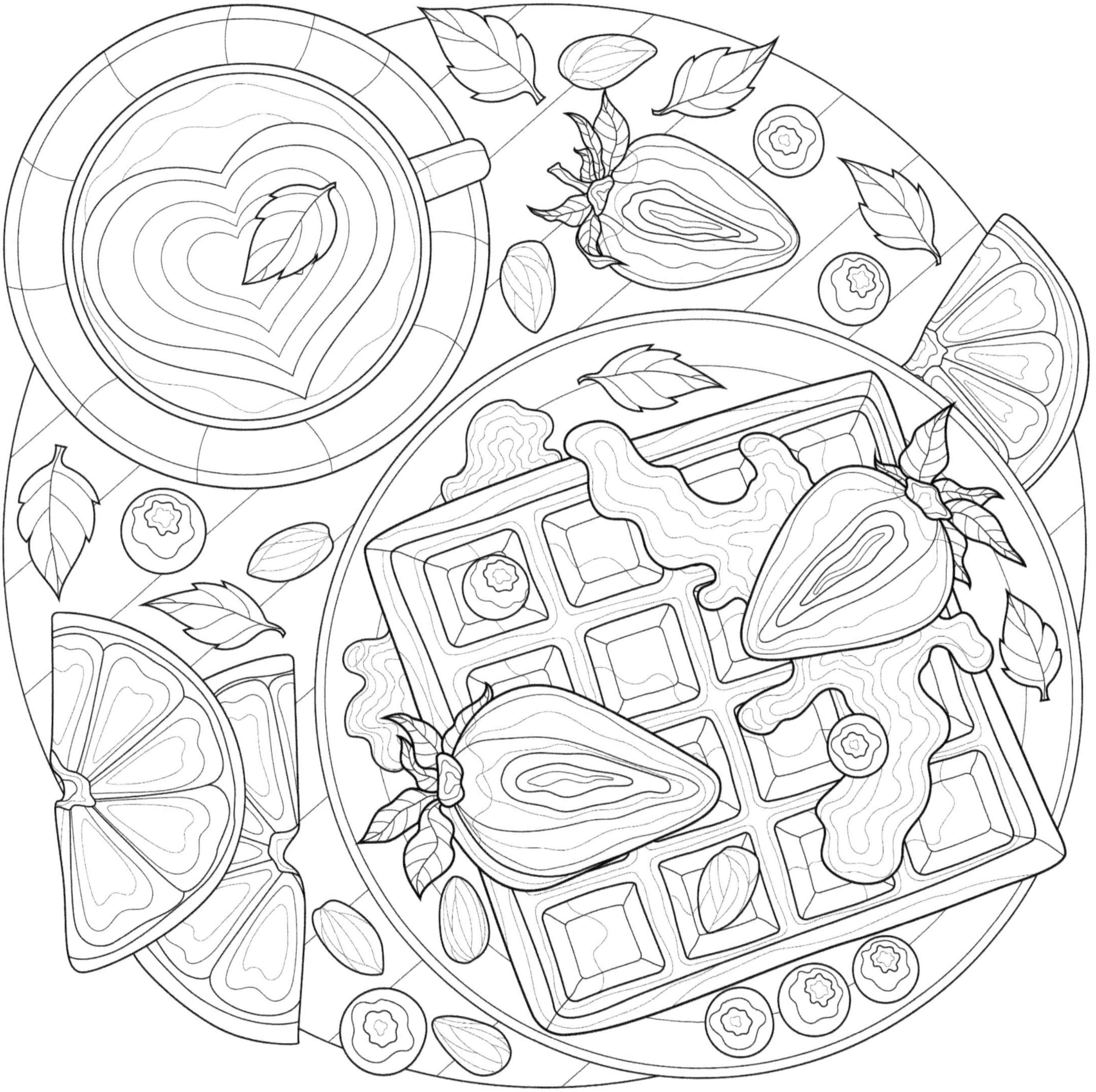

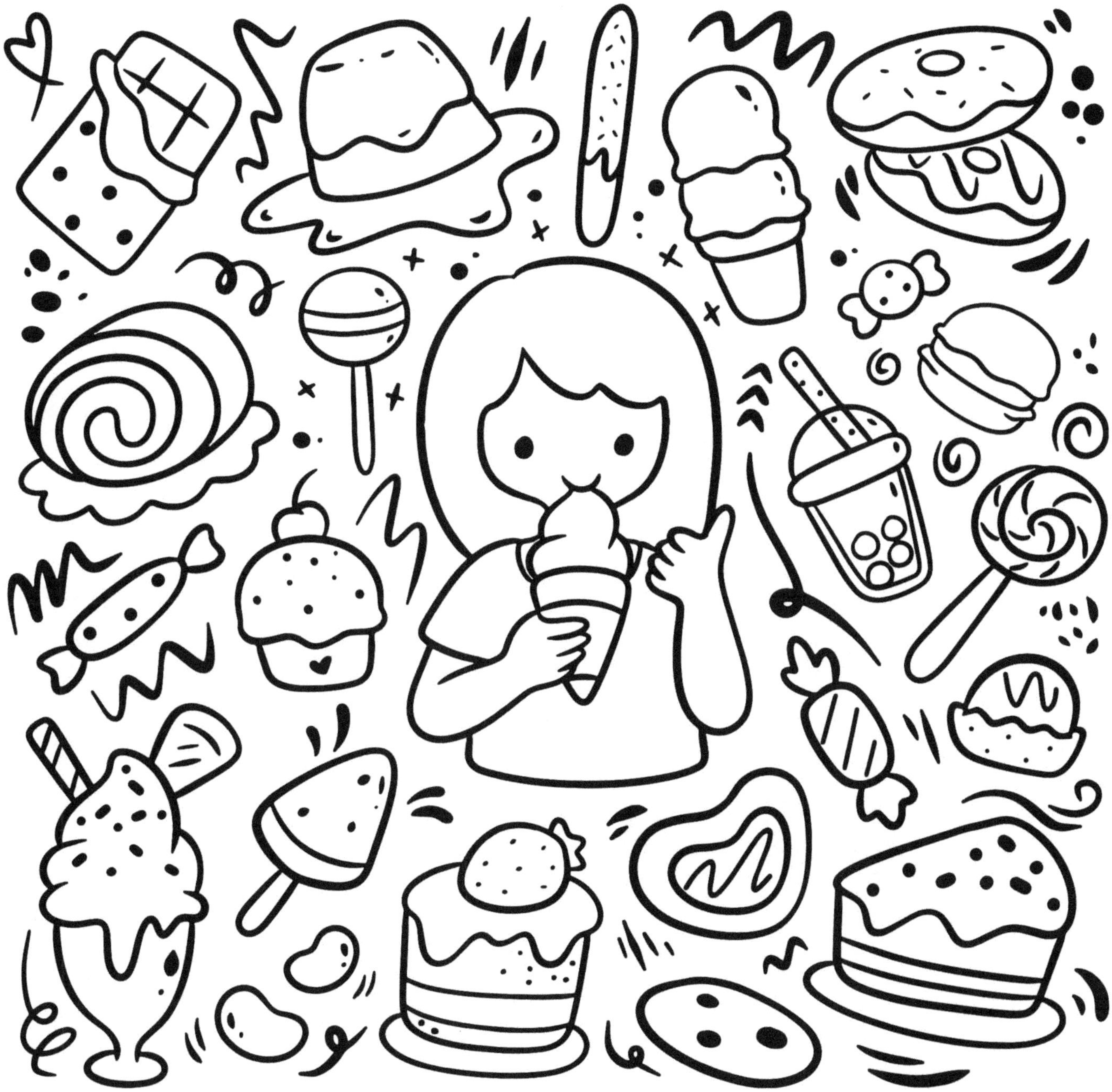

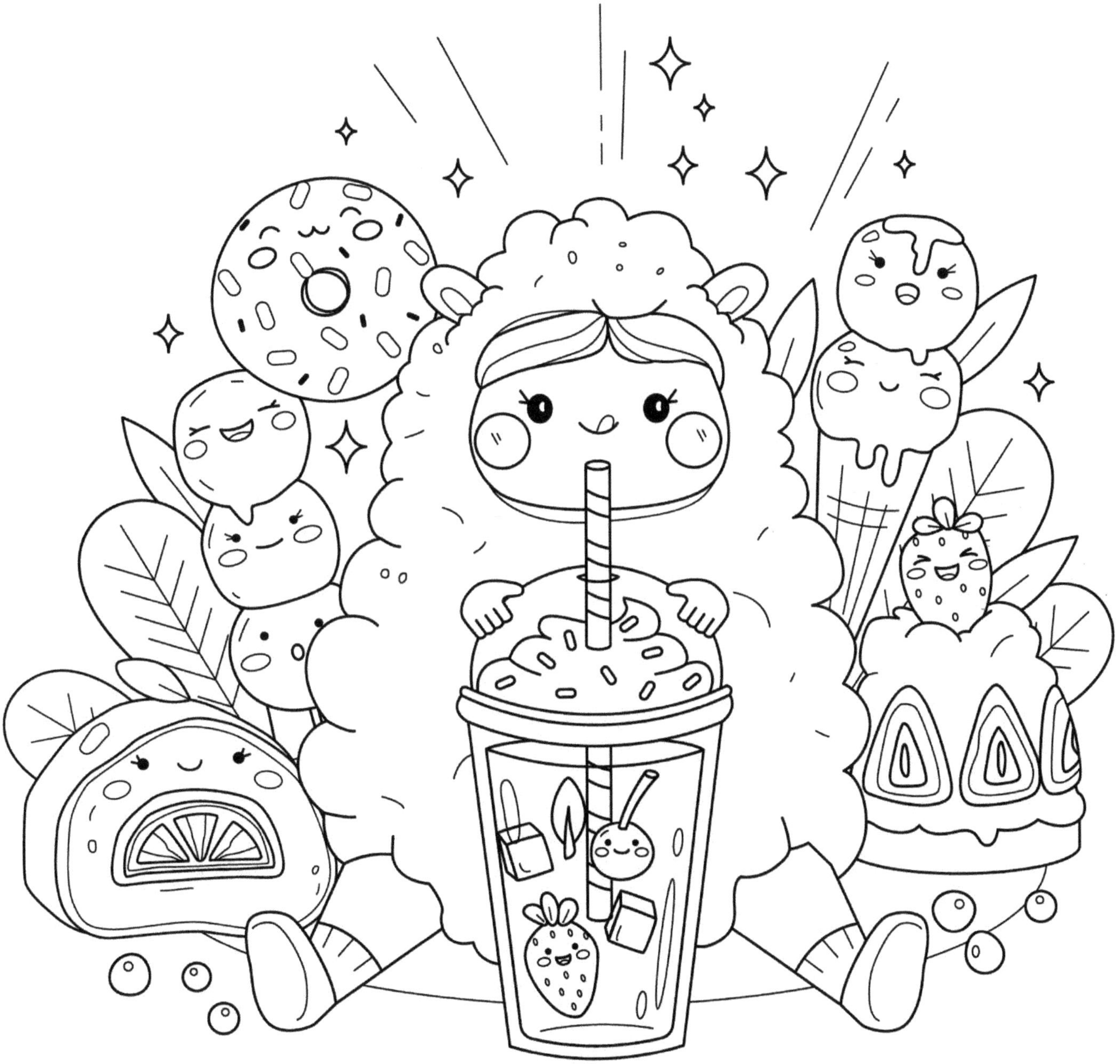

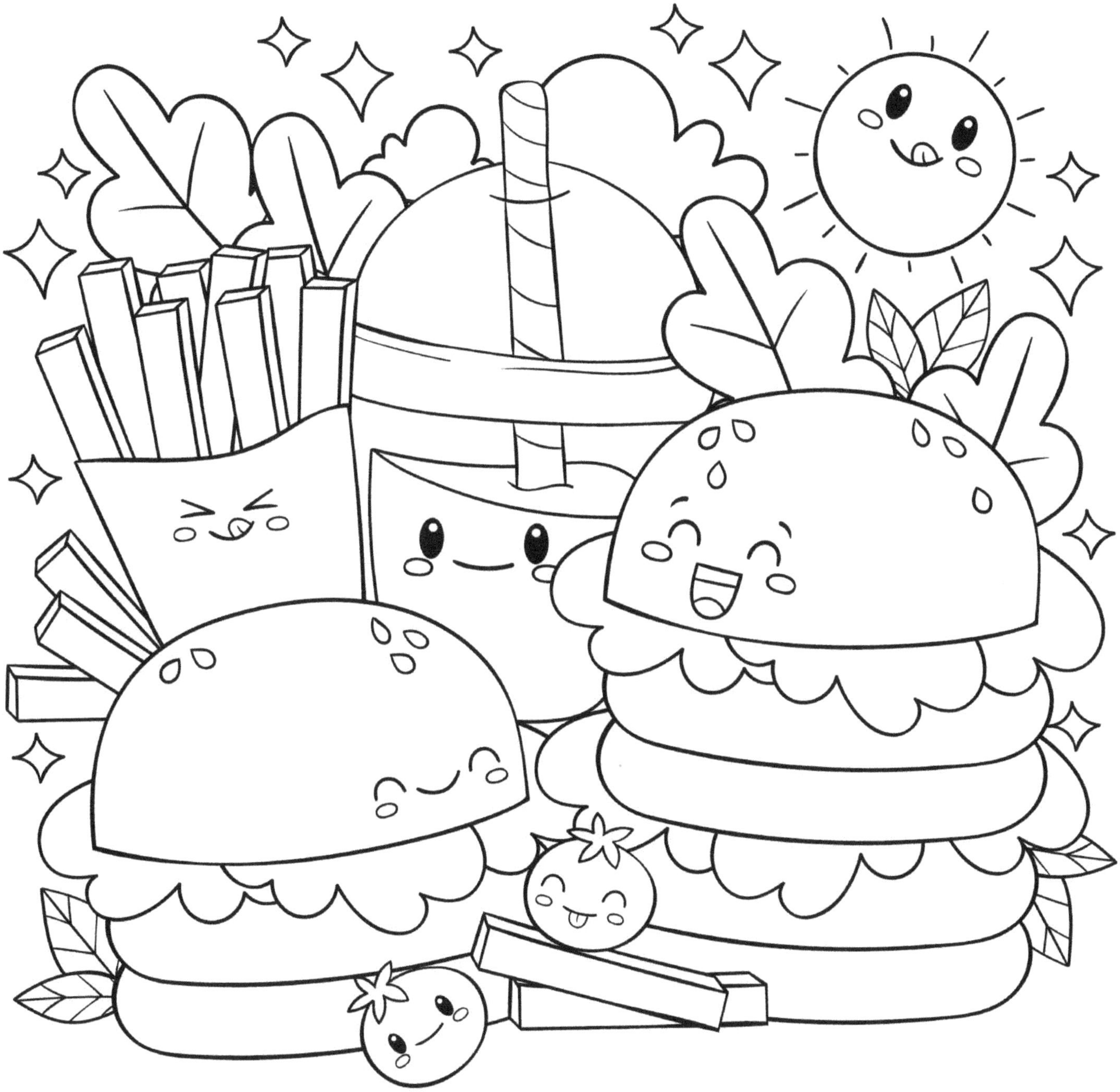

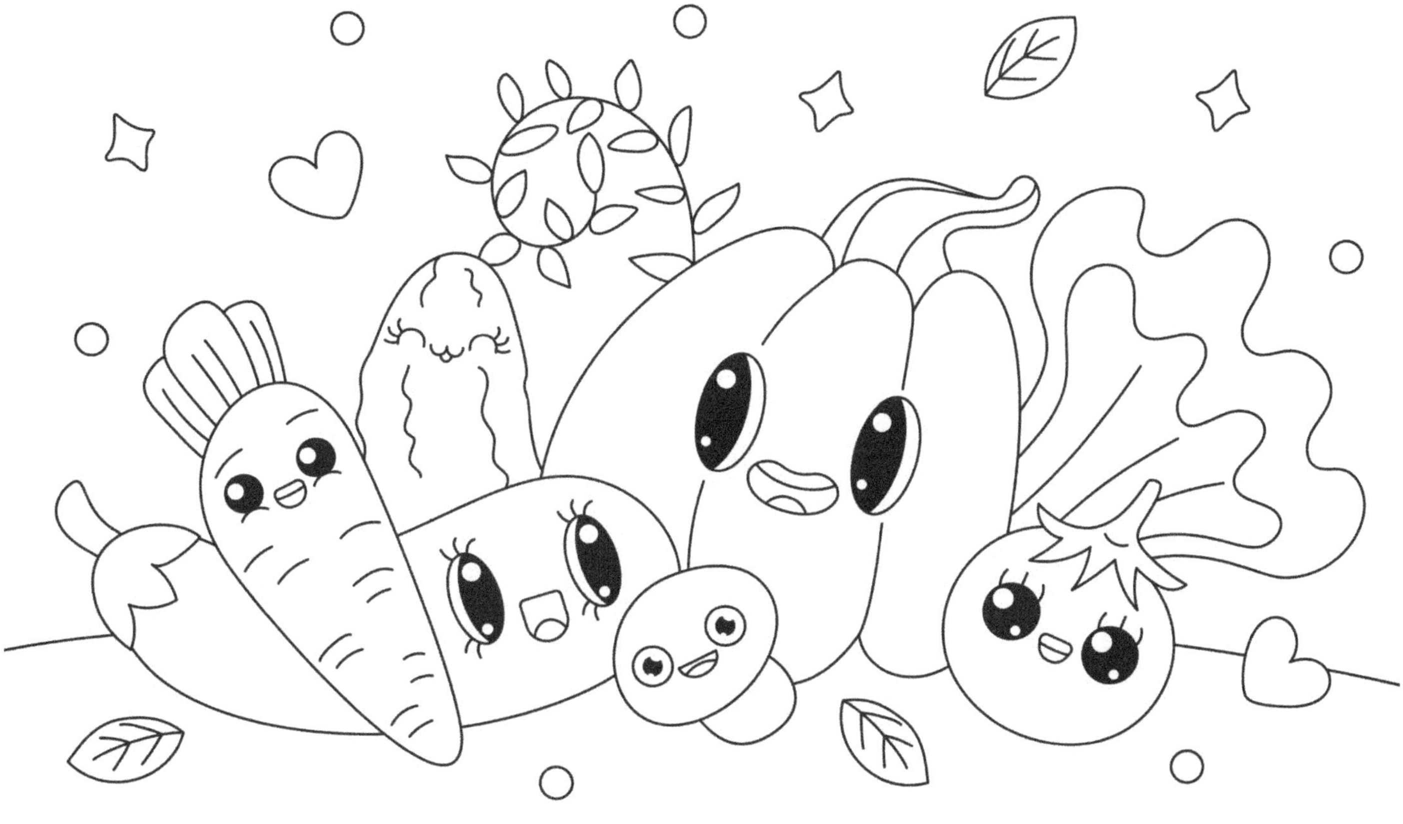

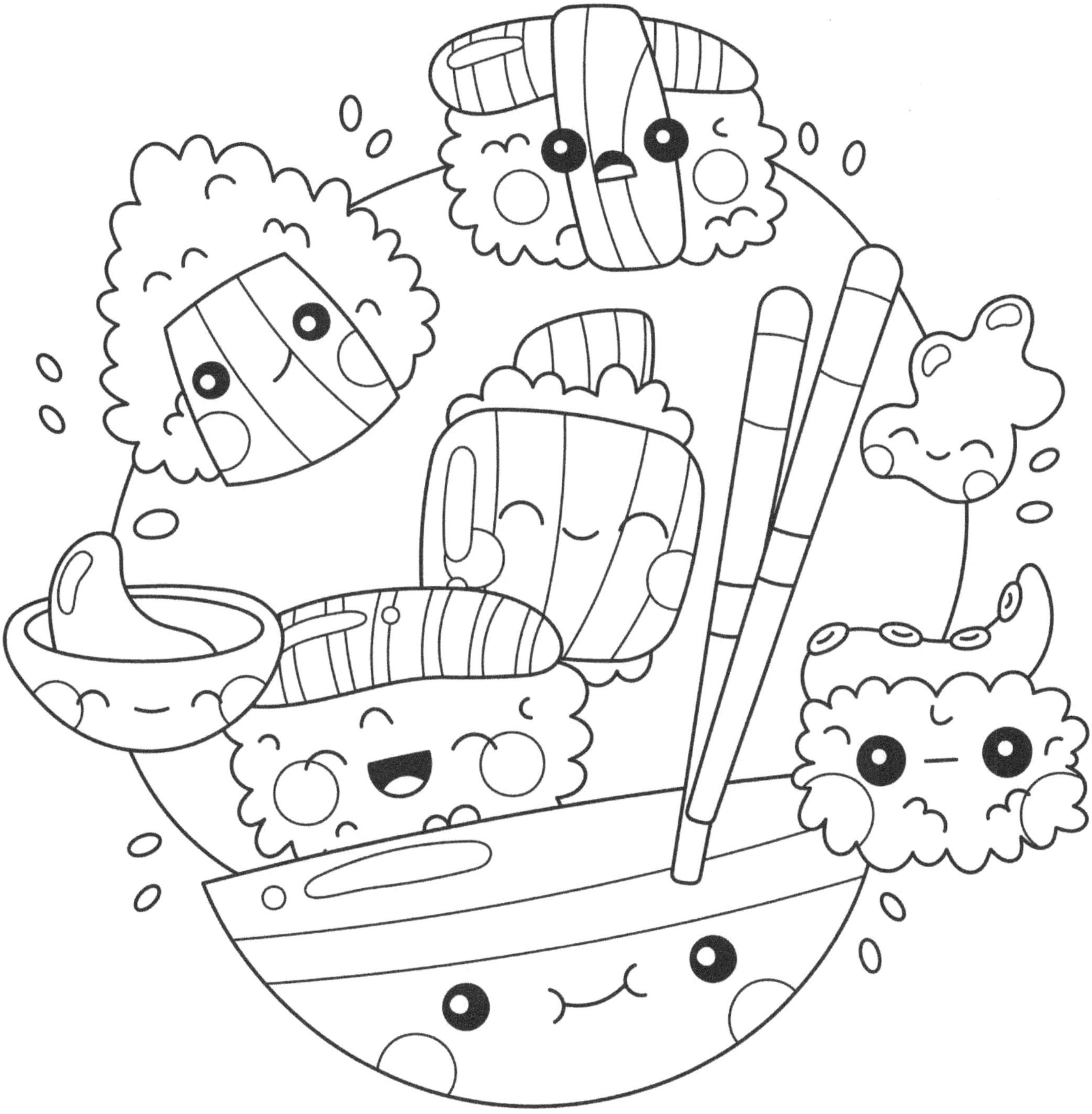

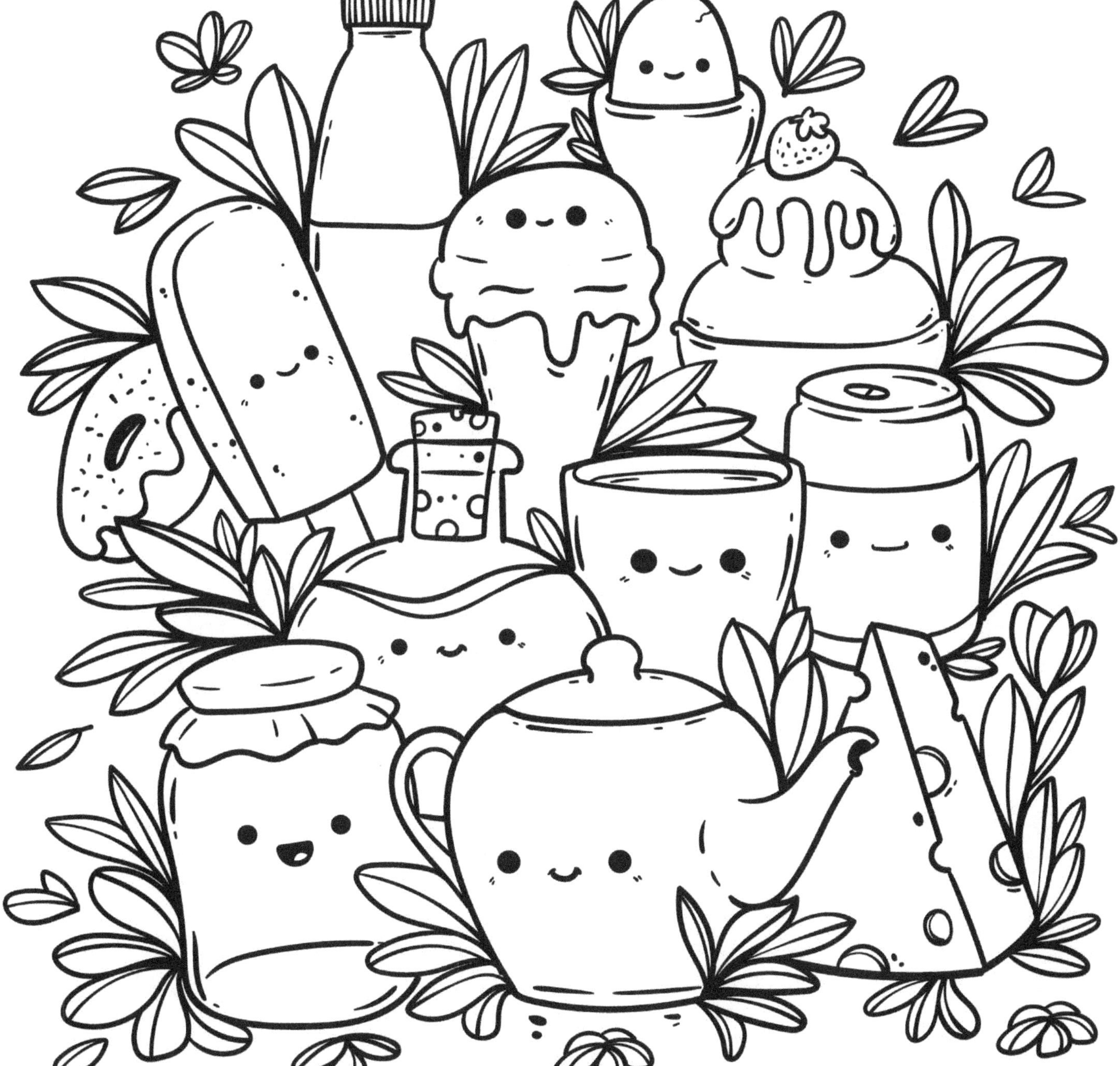

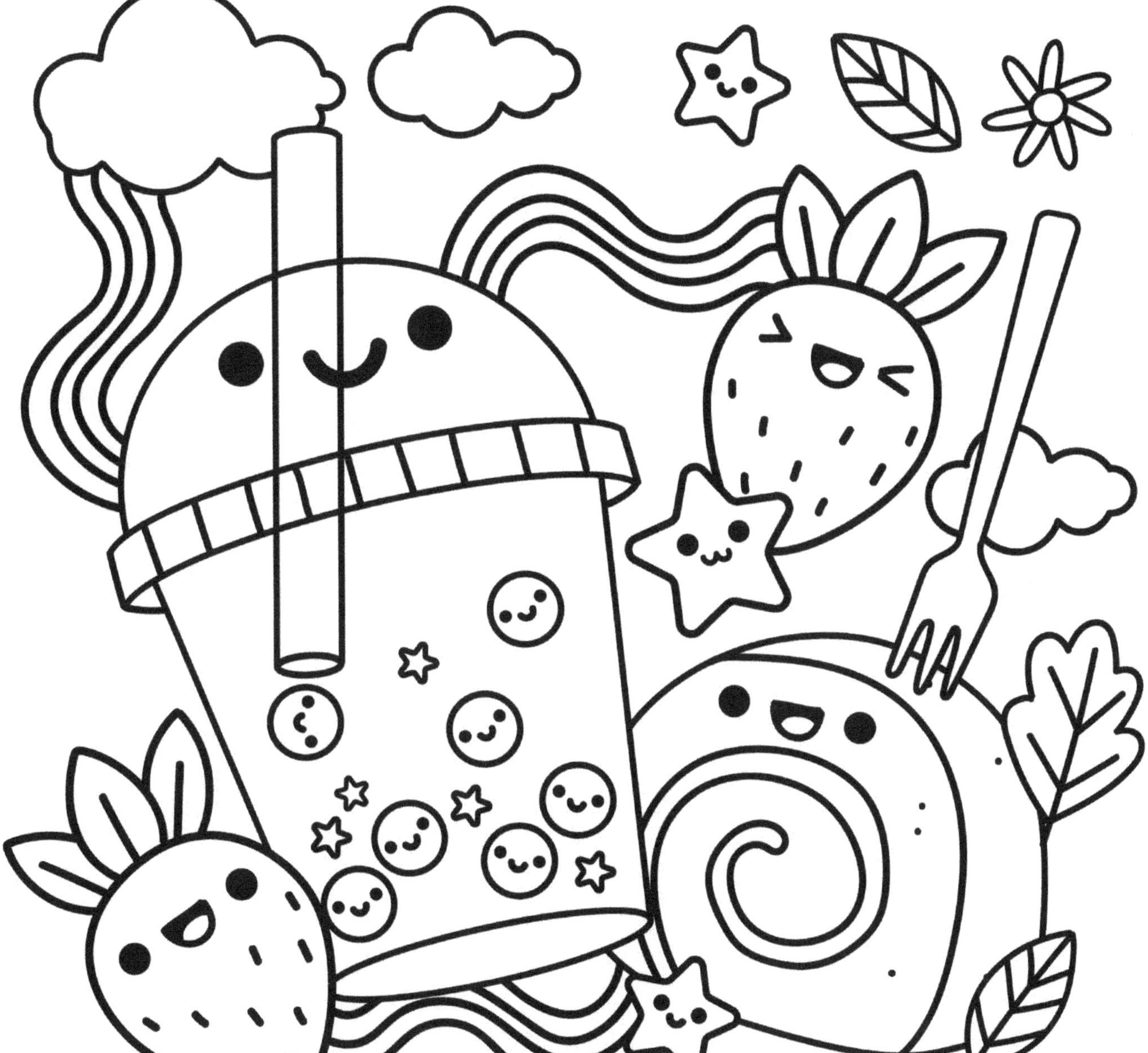

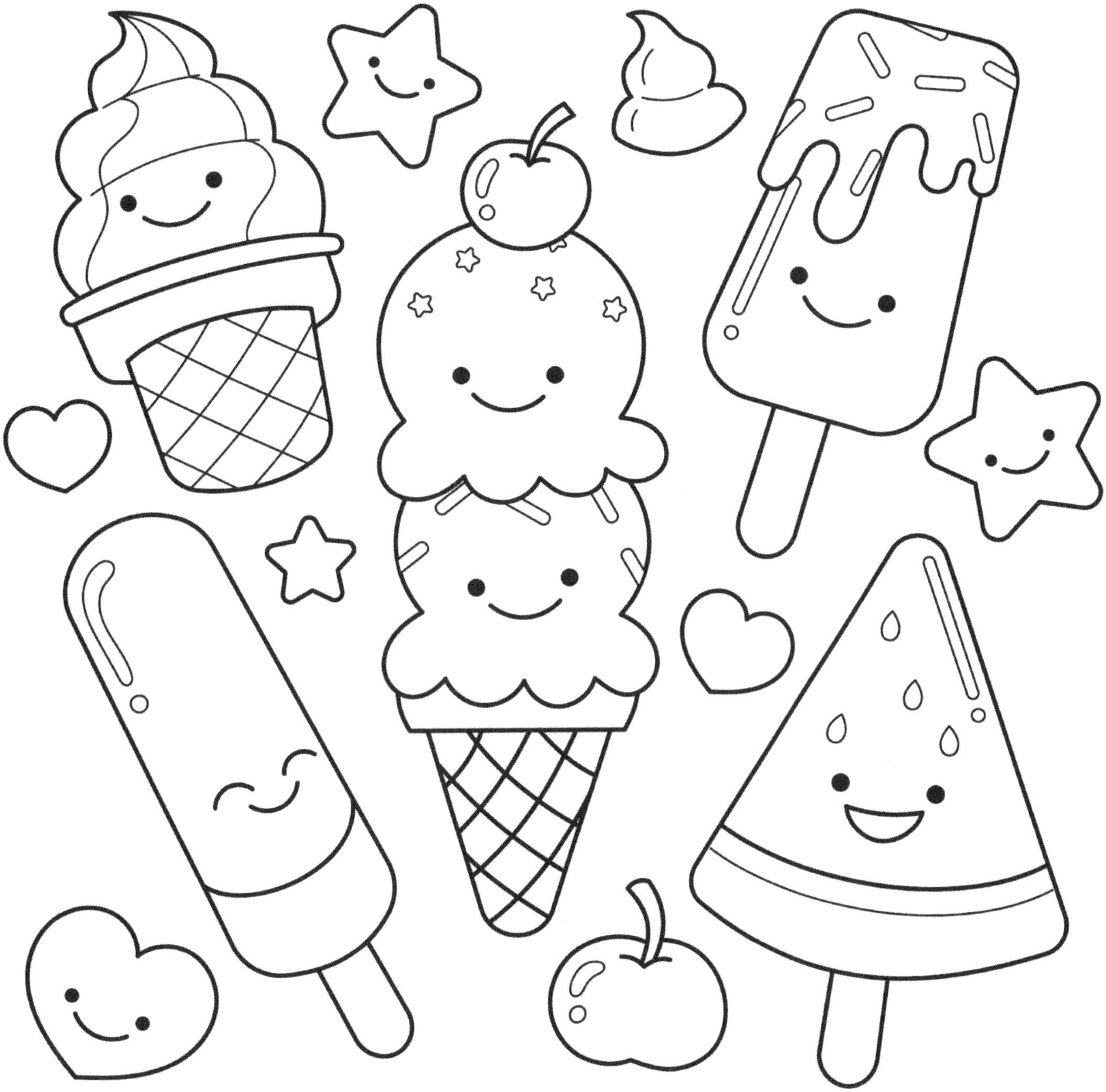

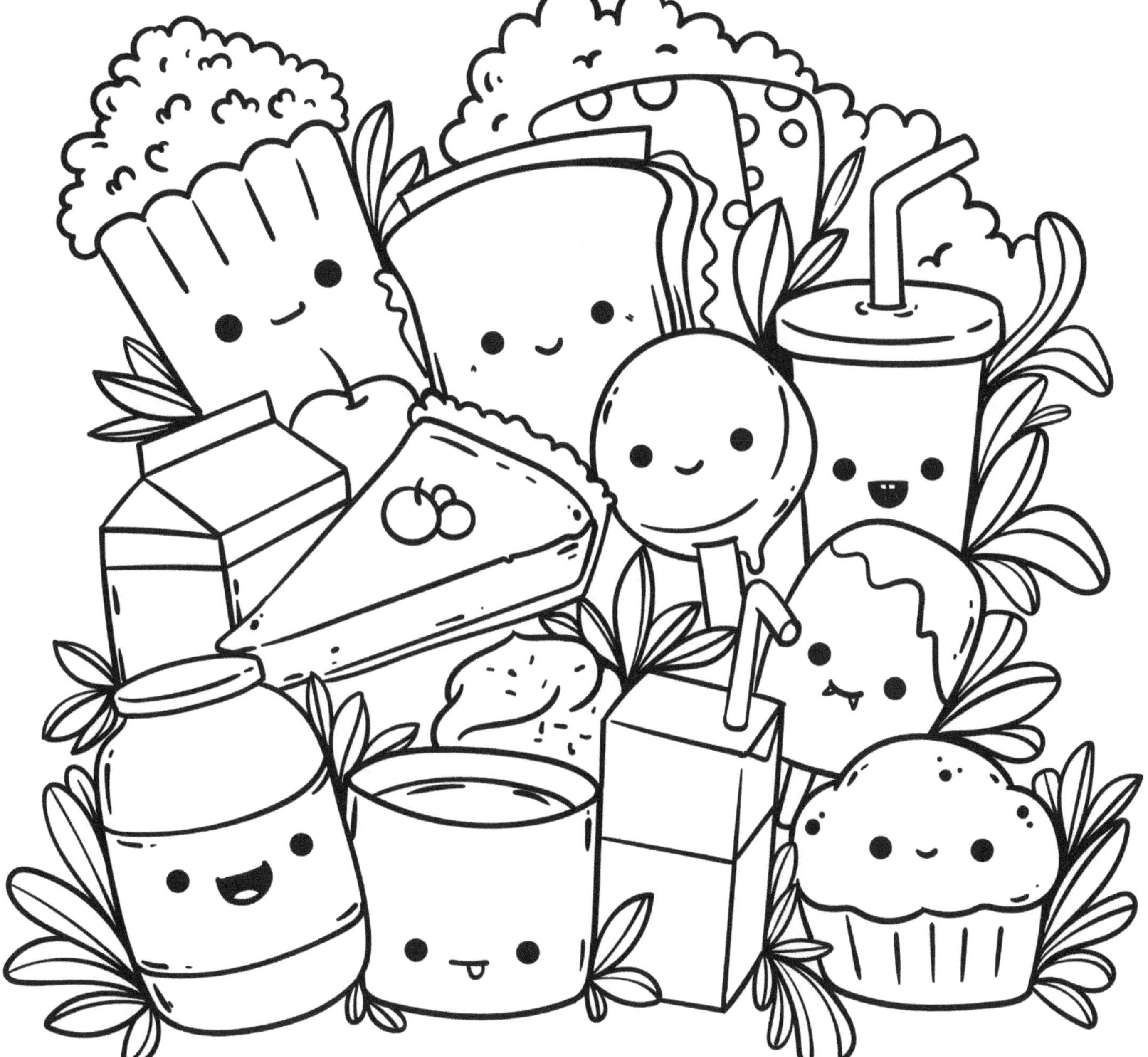

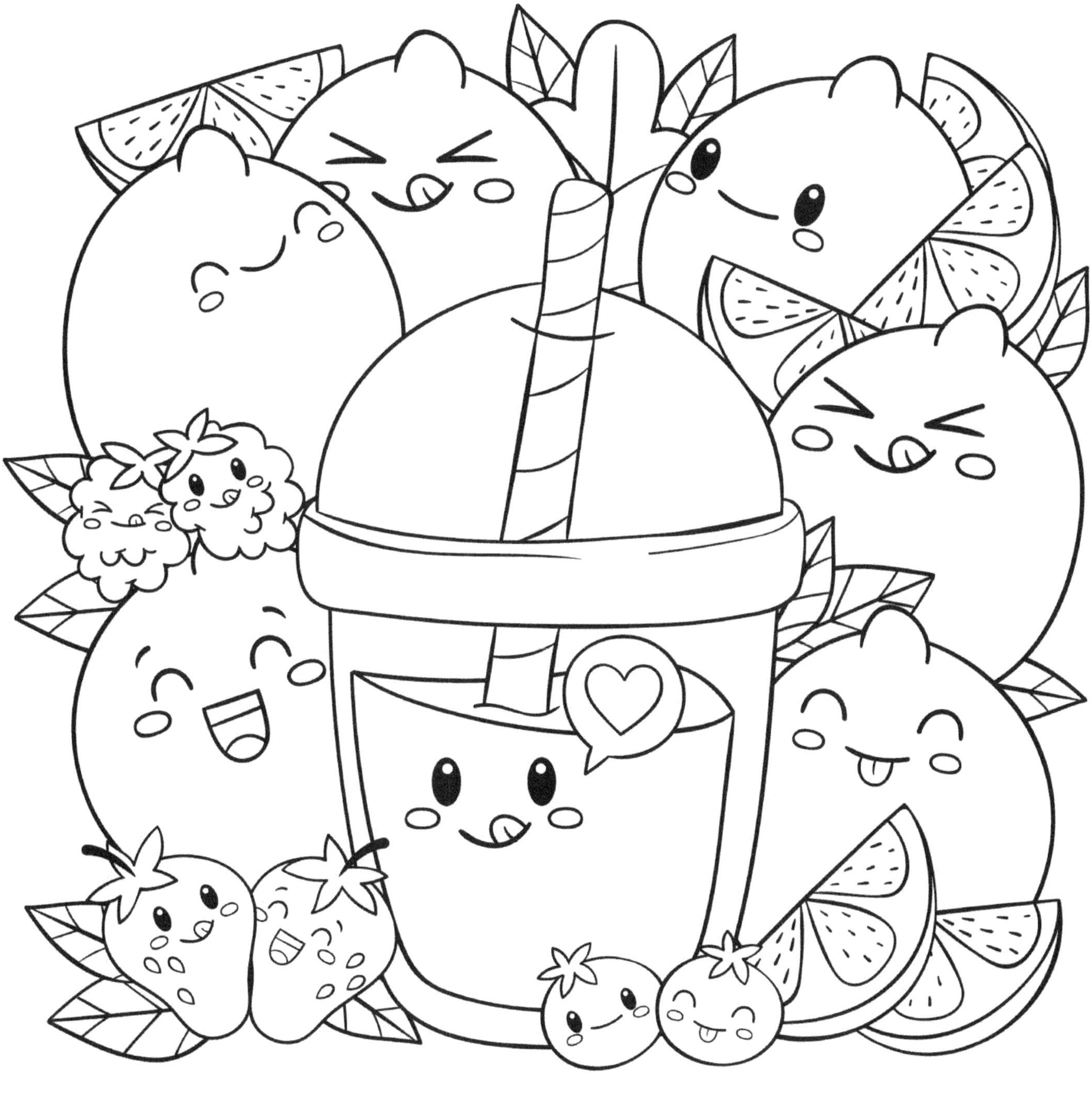

MILK
Yogurt

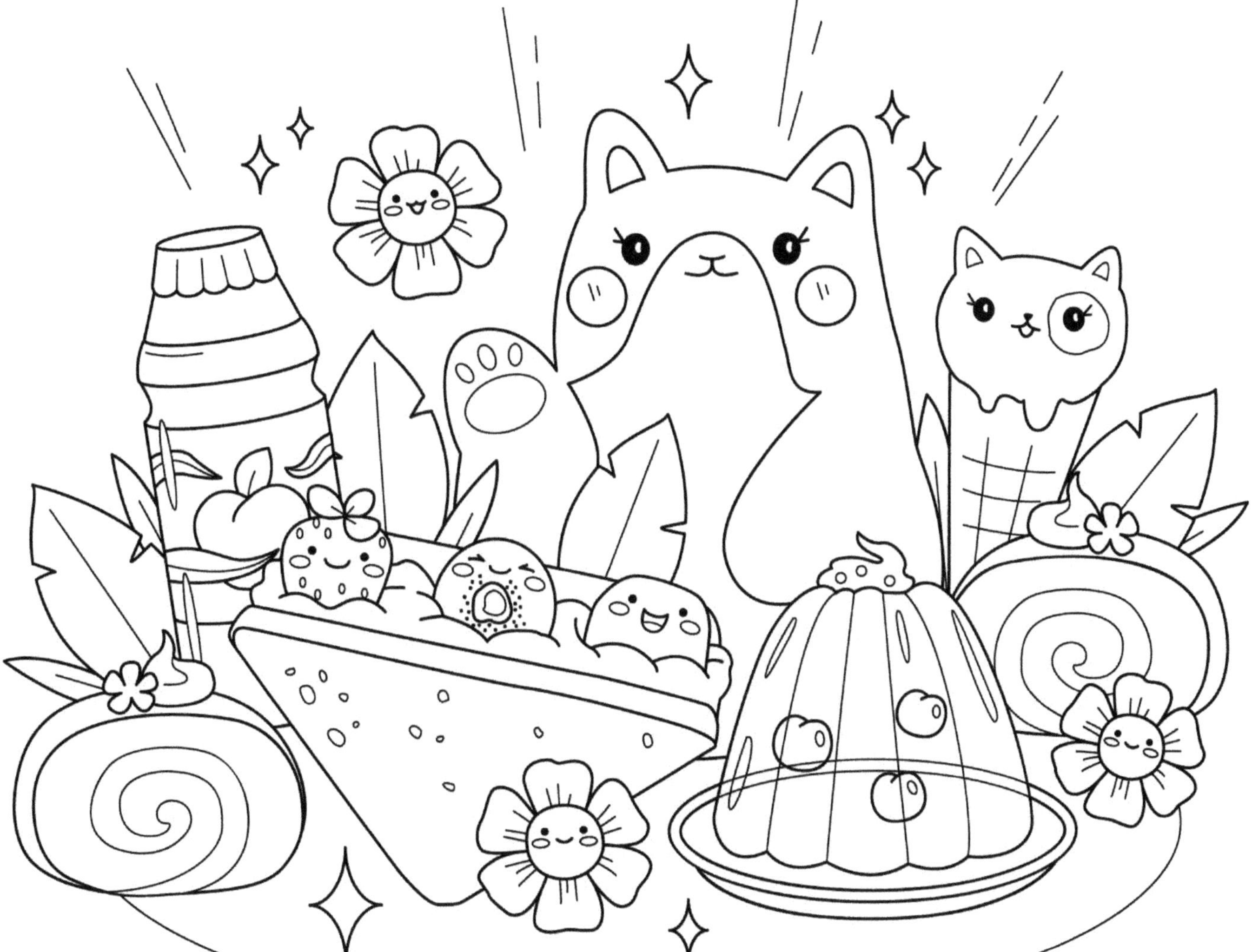

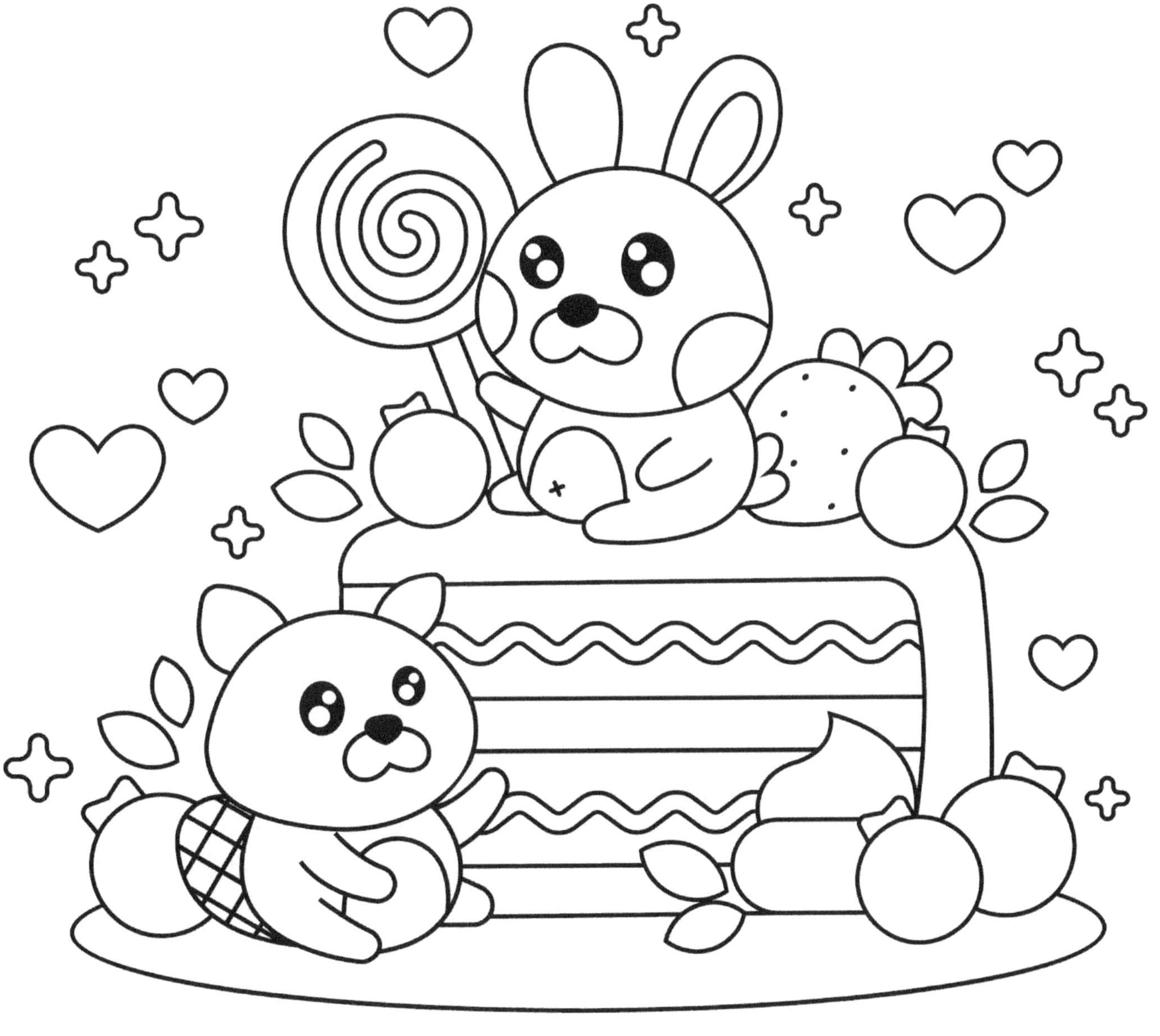

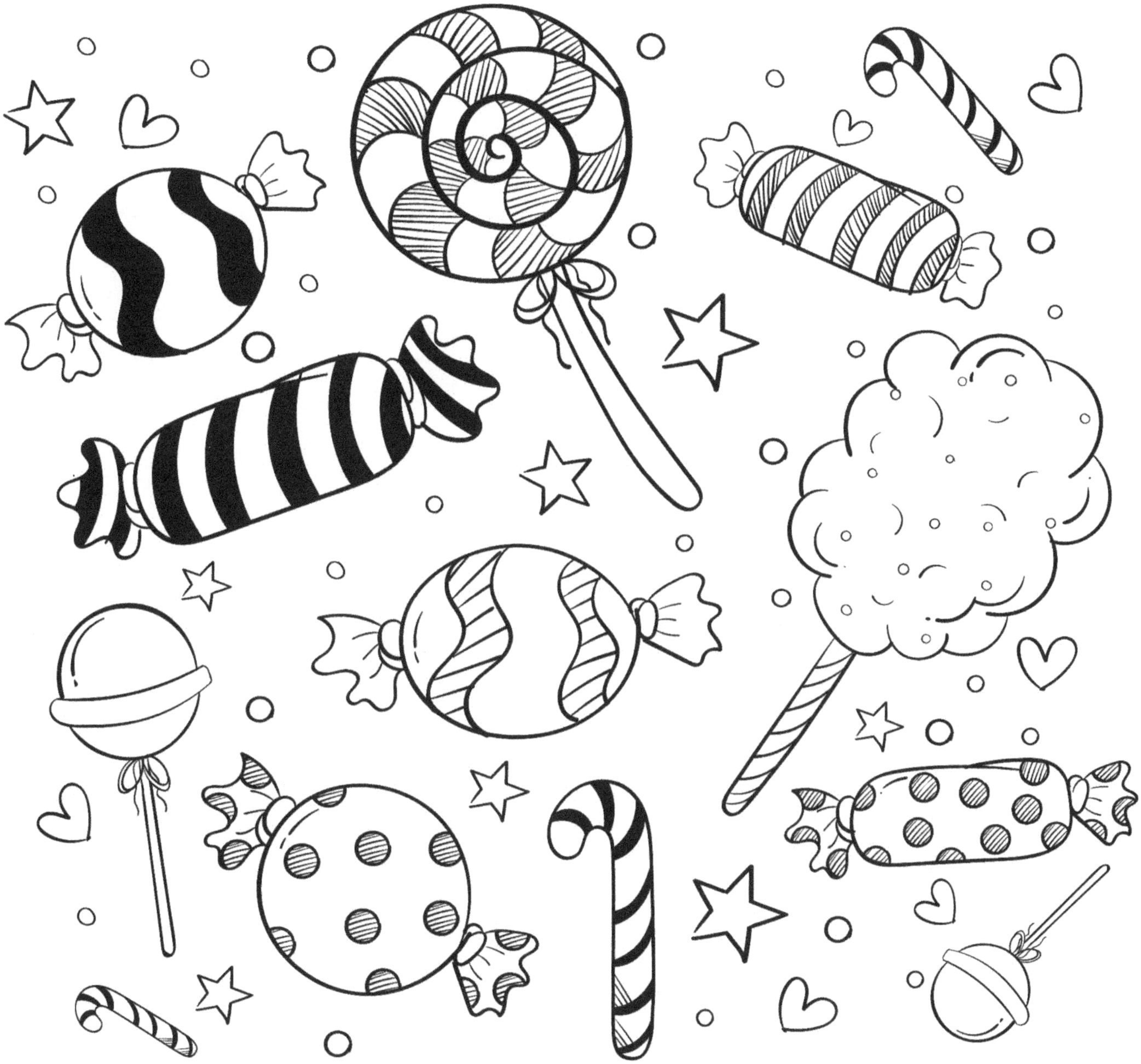

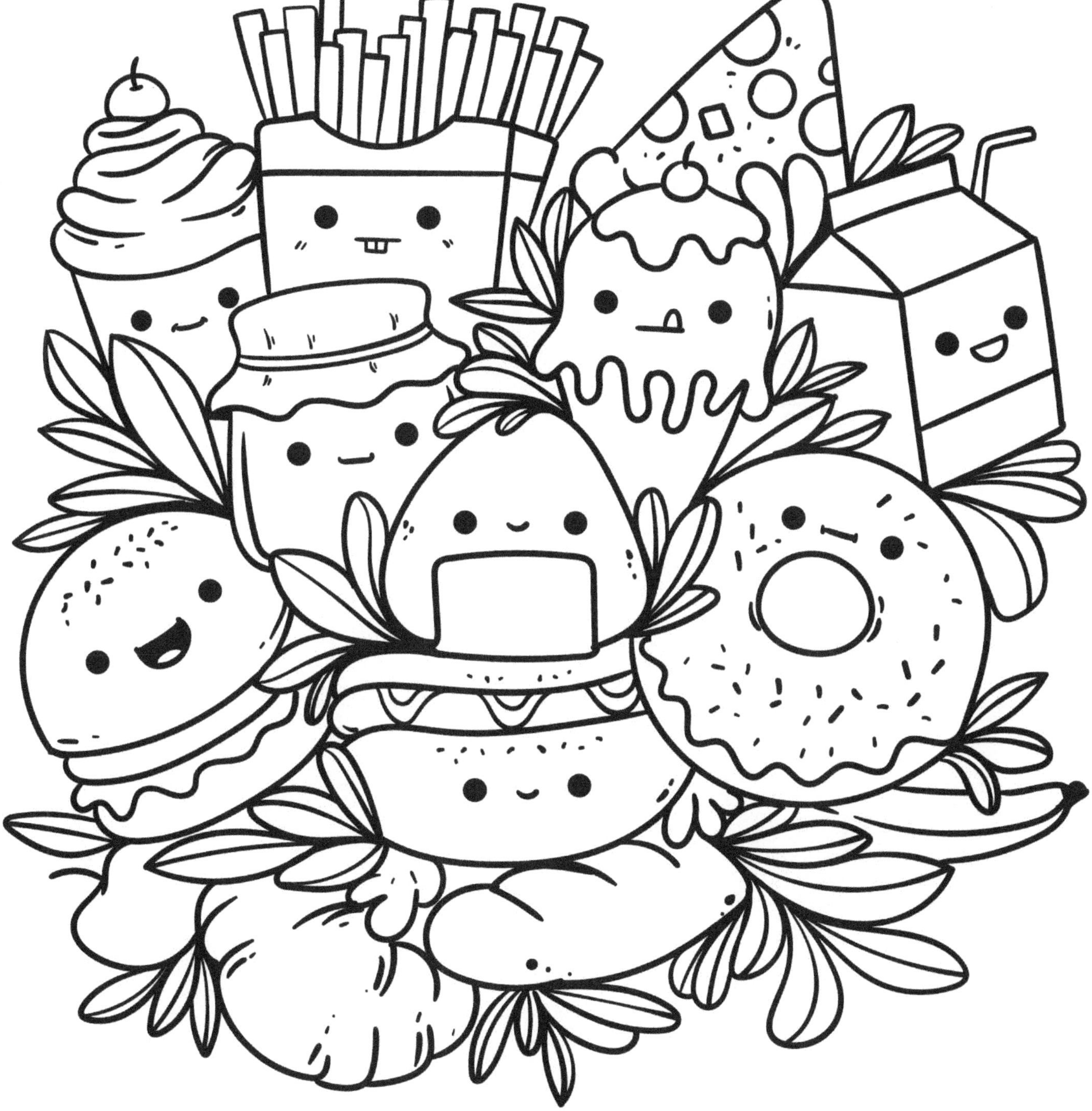

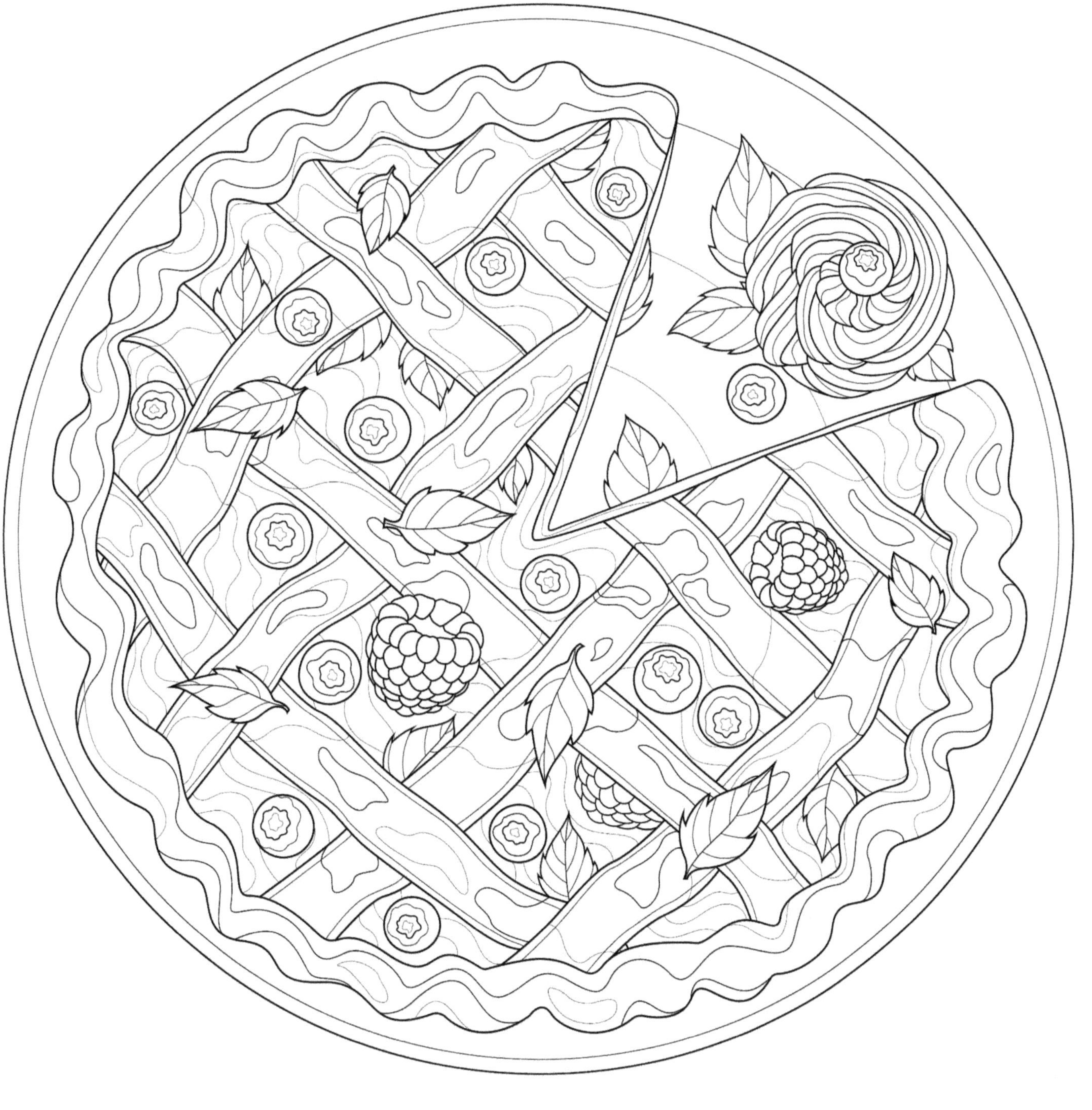

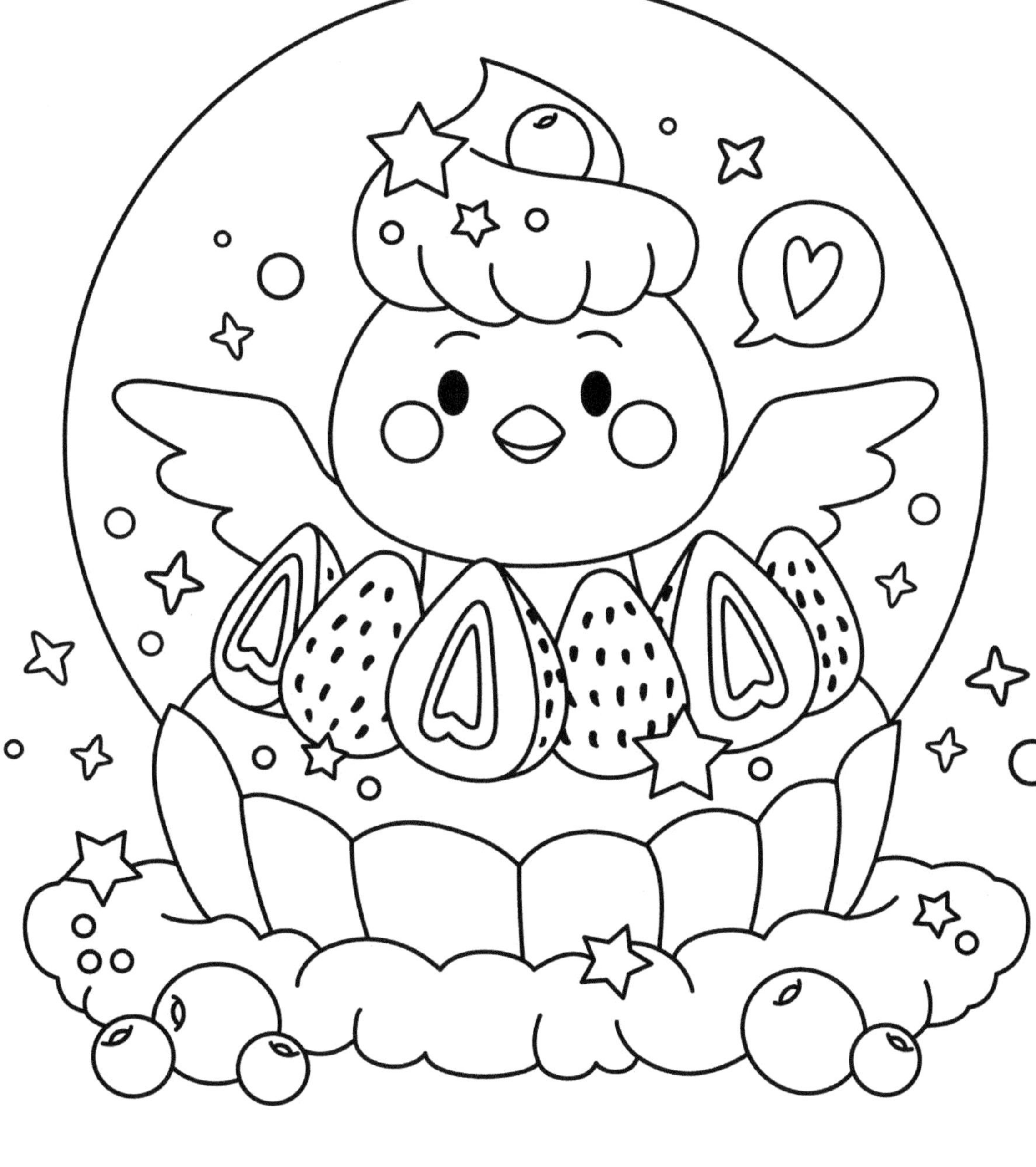

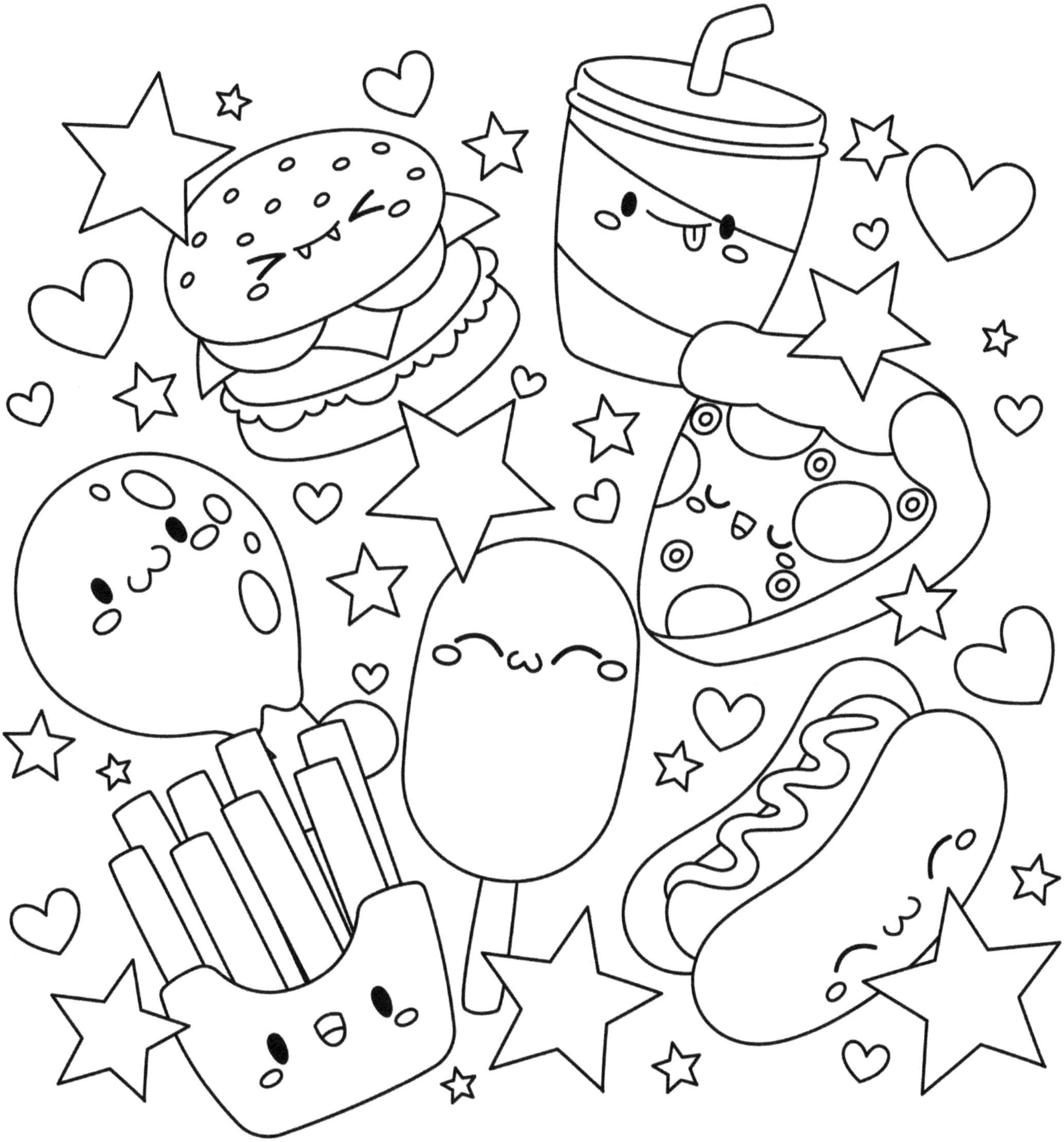

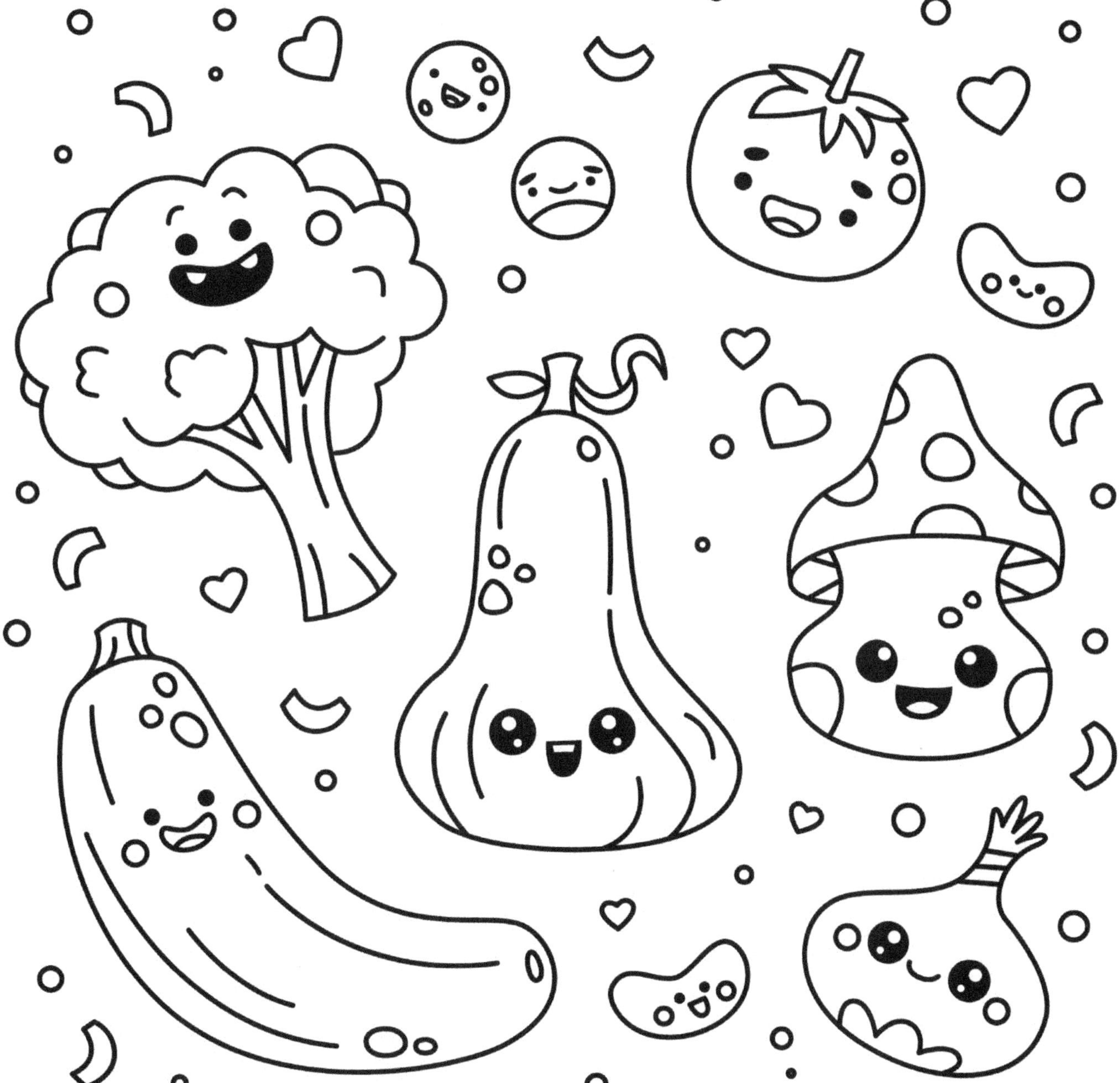

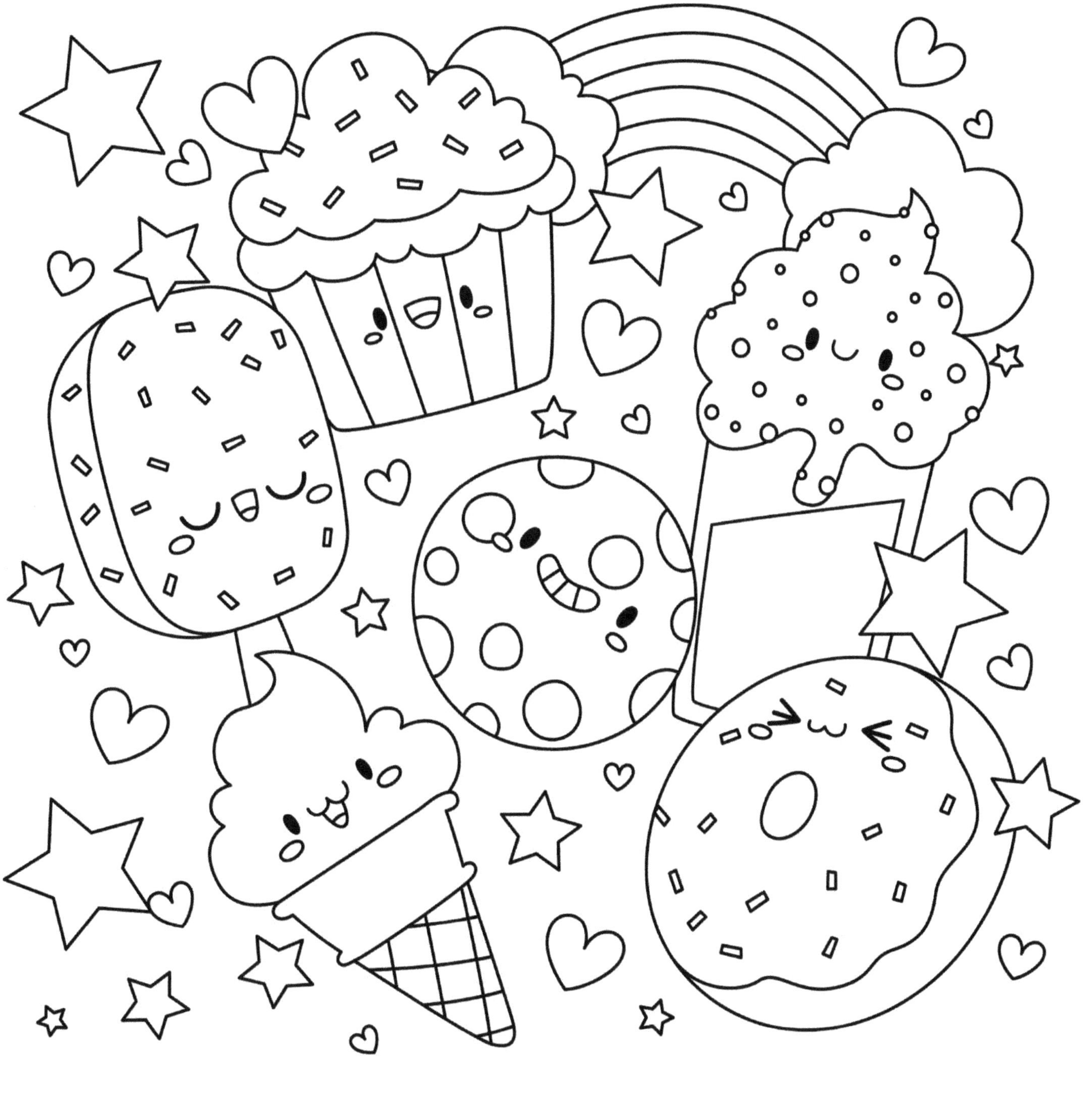

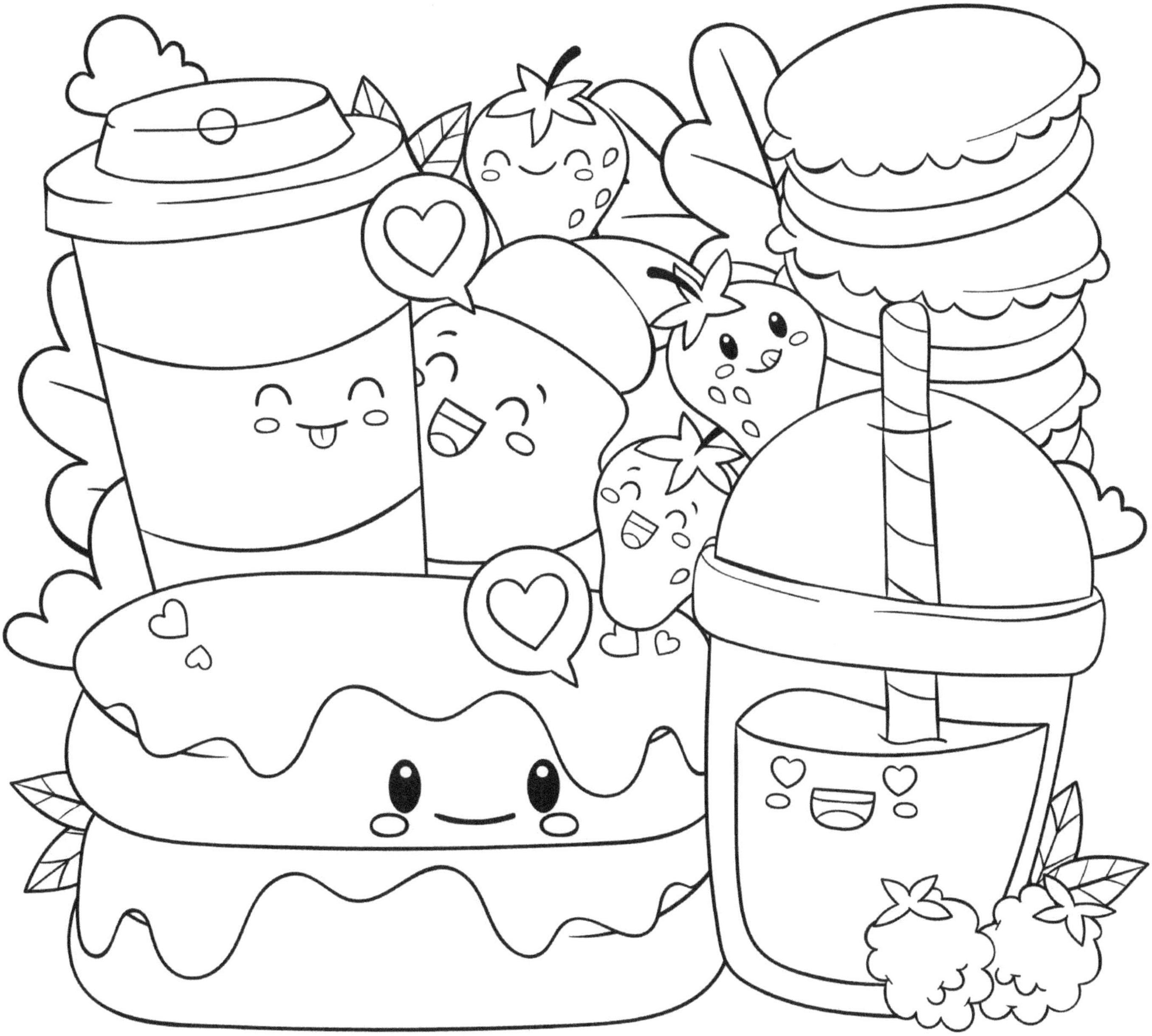

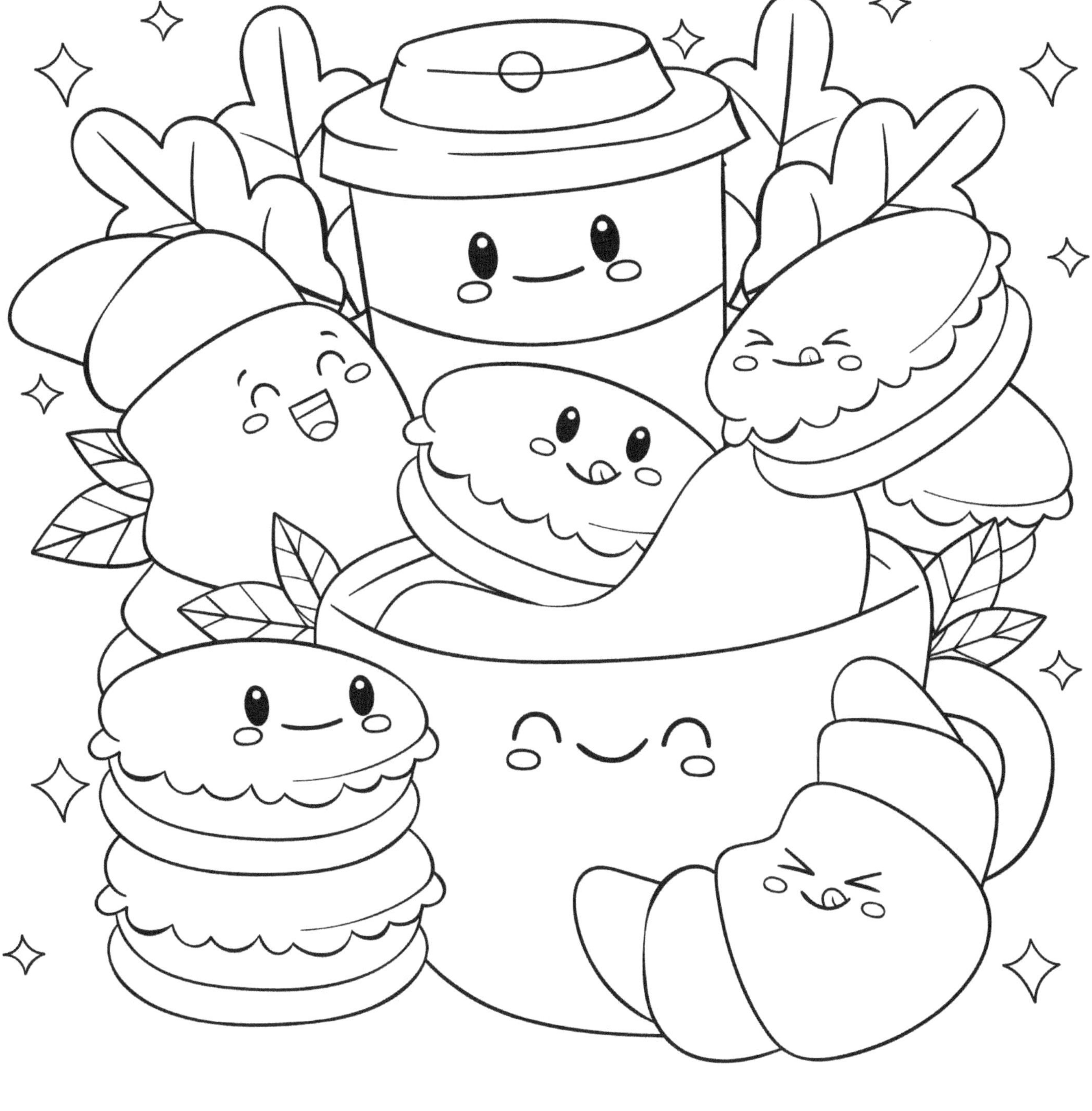

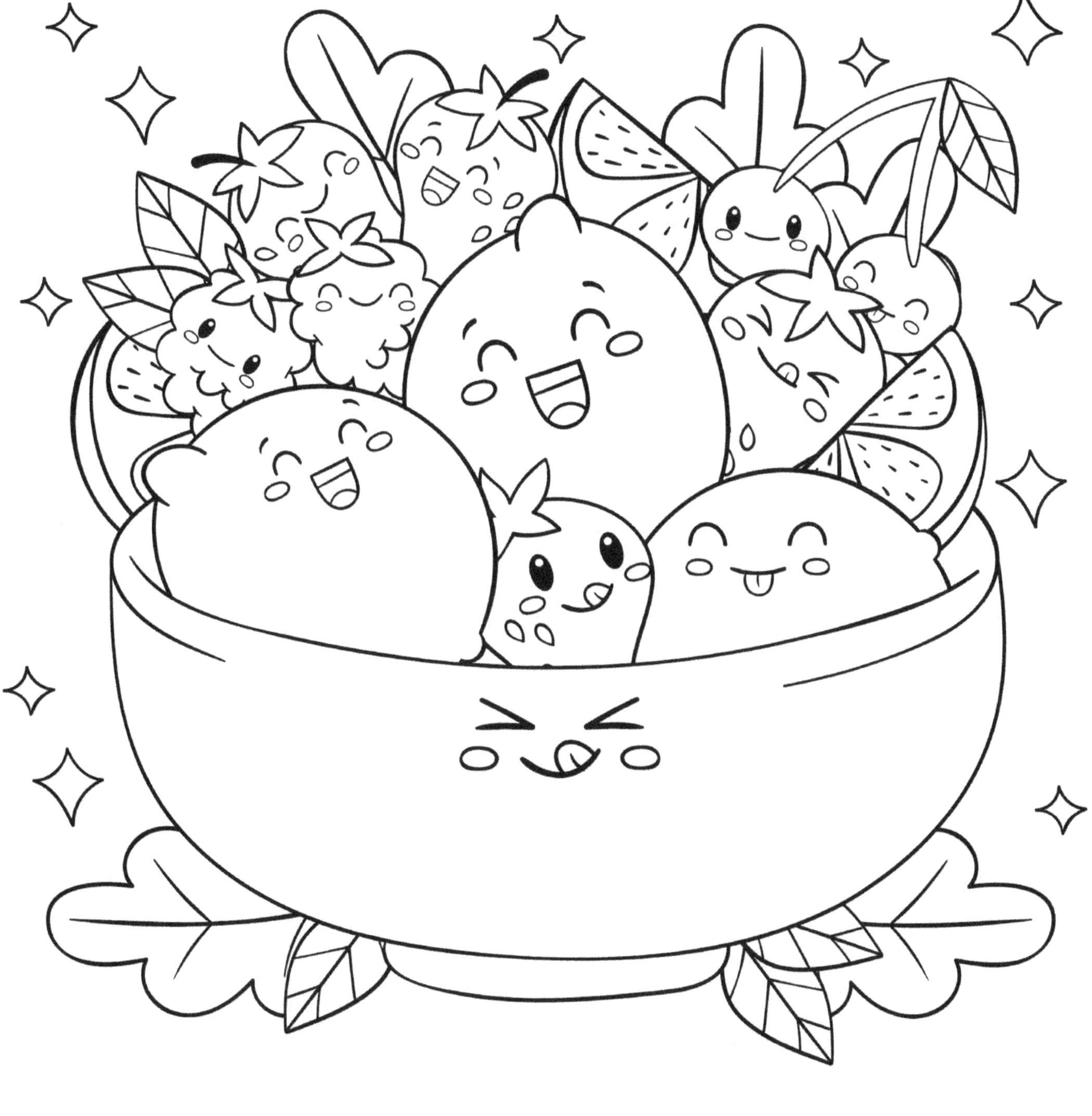

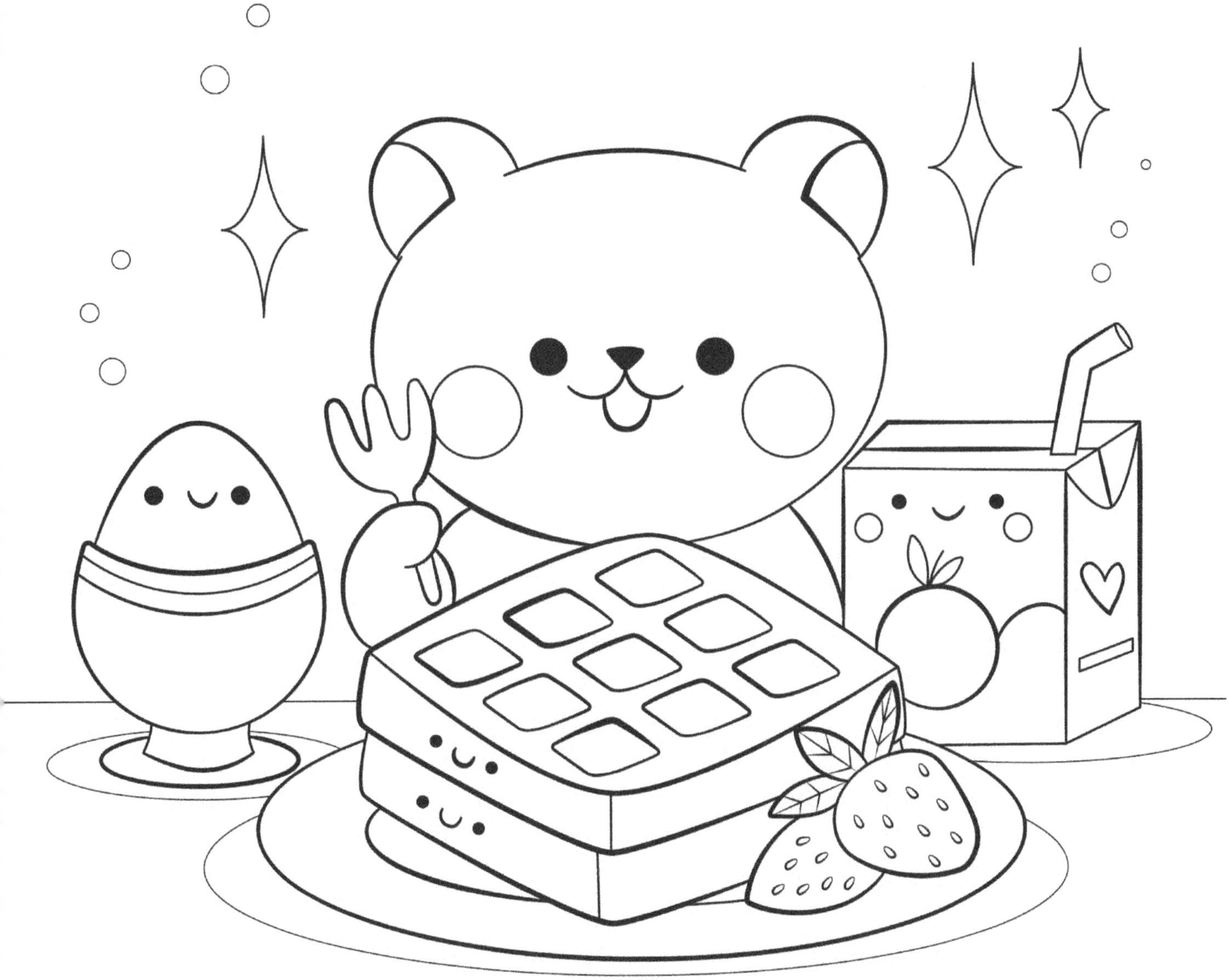

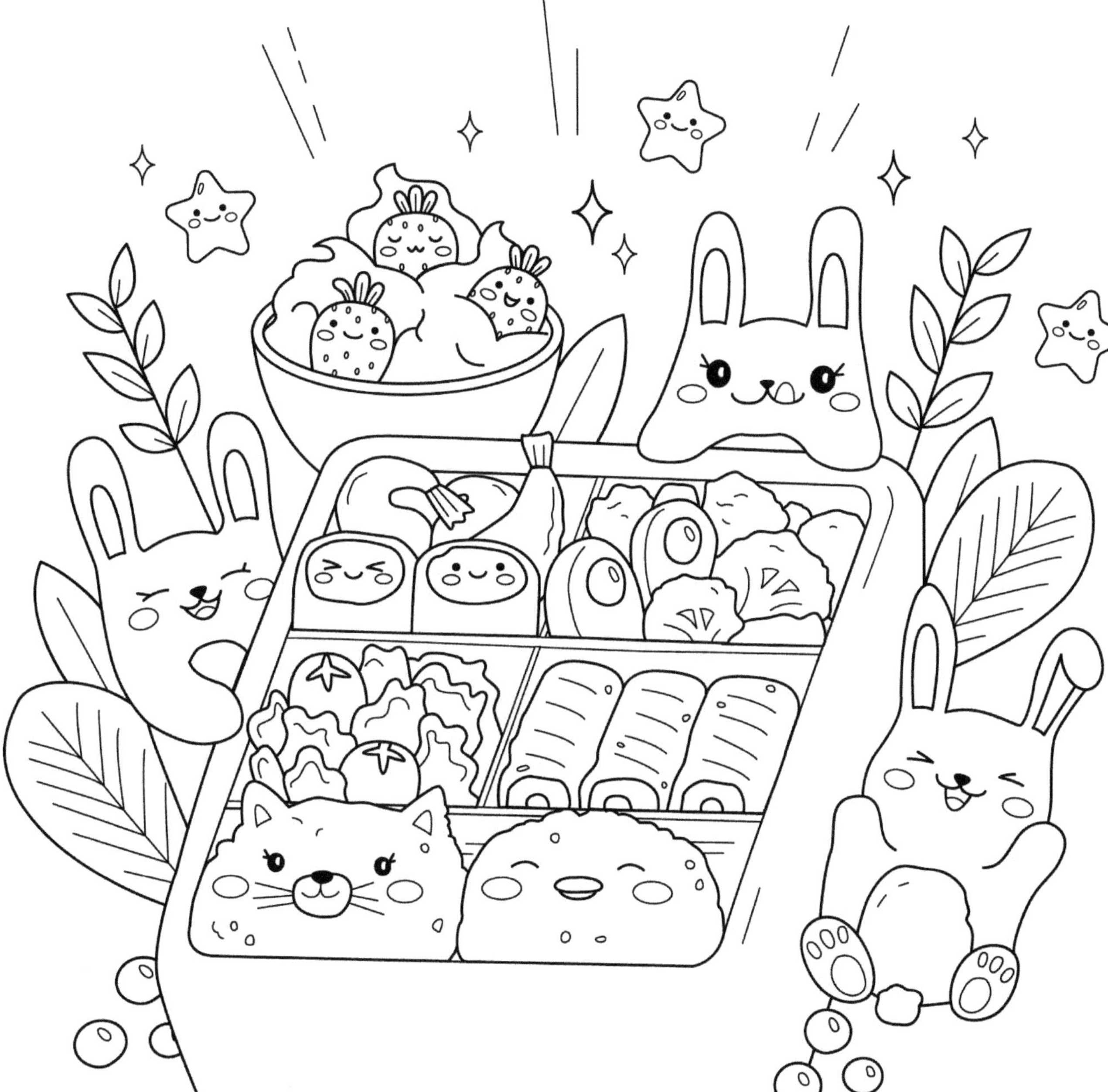

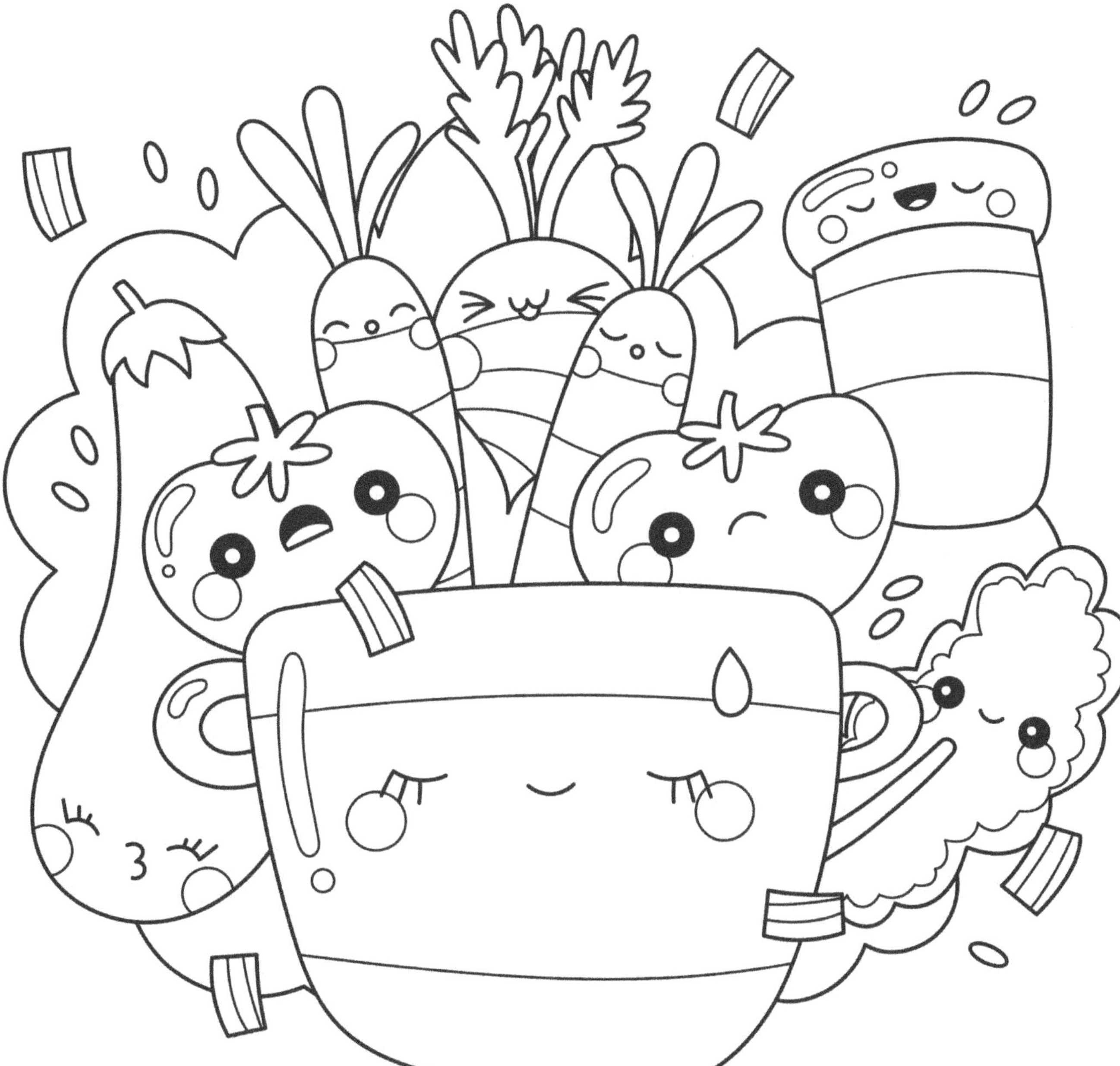

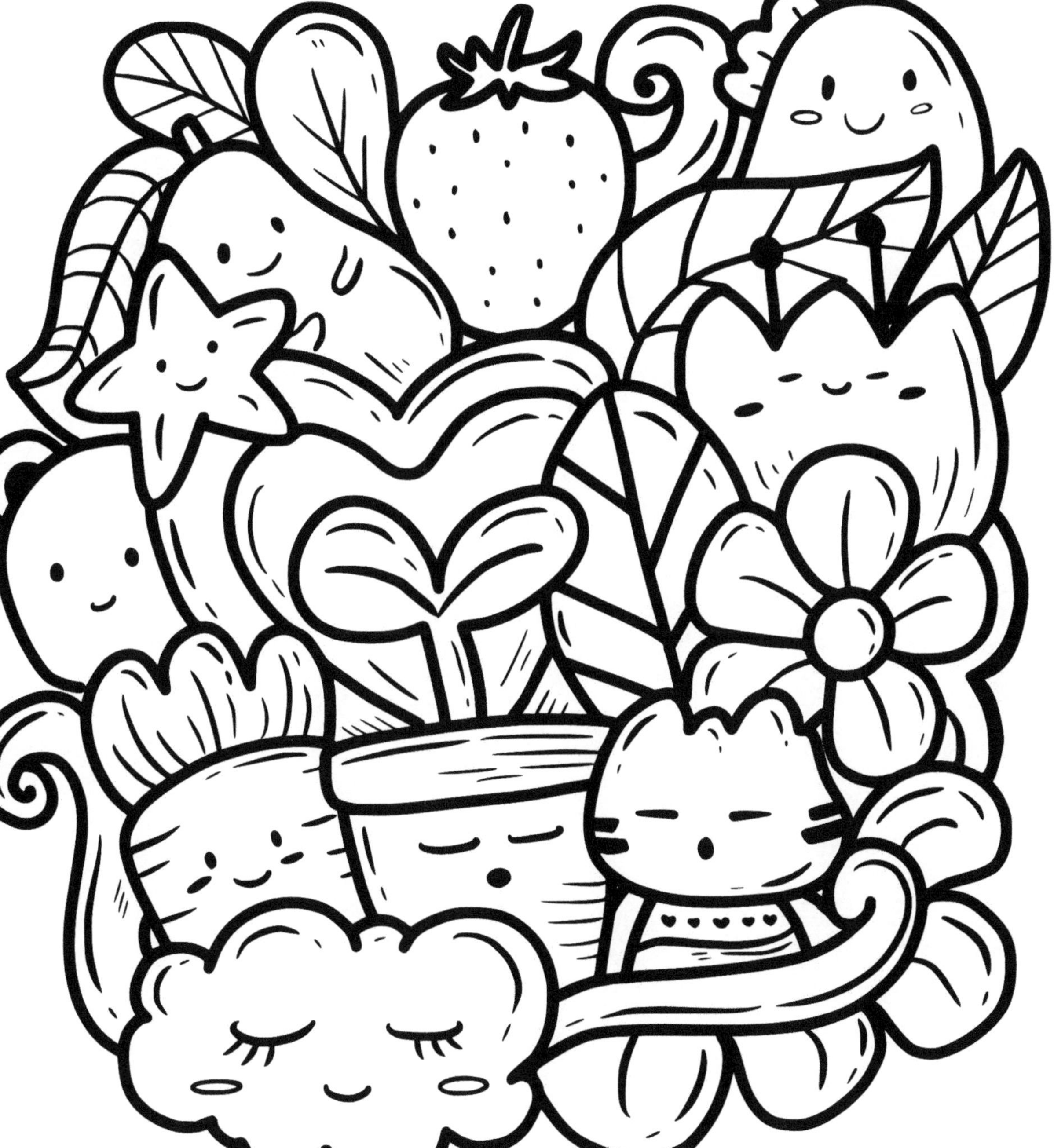

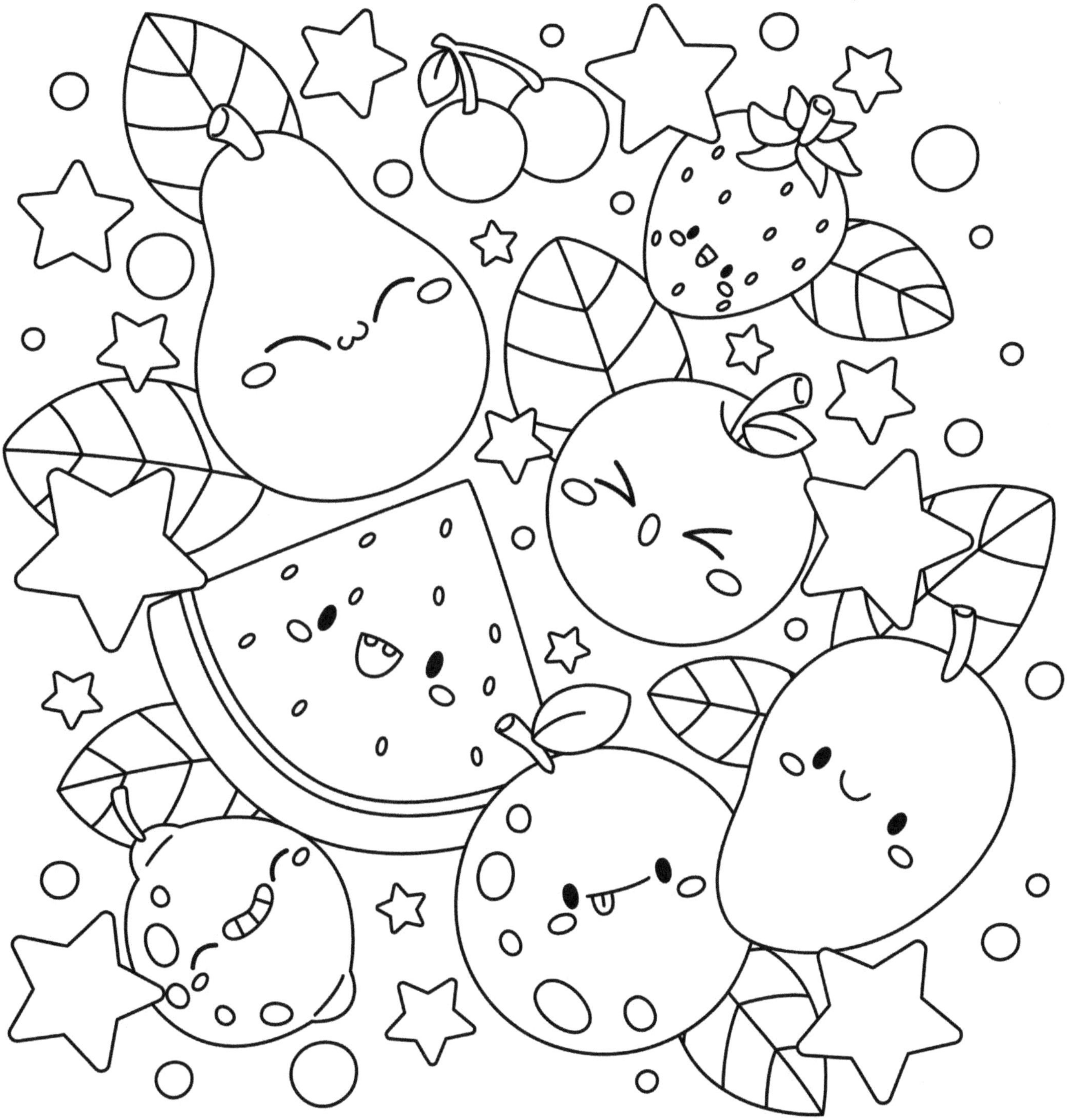

Ingram Content Group UK Ltd.
Milton Keynes UK
UKHW050758070623
423023UK00008B/489